W0185559

# Byzanz – Konstantinopel – Istanbul

Rüstem Aslan, Stephan W. E. Blum, Frank Schweizer

Mit Fotografien von
Mehmet Güngör

Tekfur-Palast
Theodosianische Landmauer
Chora-Kirche
Valens-Aquädukt
Markiansäule
Konstantinssäule
Murad Paşa-Moschee
mrahor-Moschee
Yedikule
Eyüp-Moschee
Zal Mahmut Paşa-Moschee
Fethiye-Moschee
Sultan Selim I.-Moschee
Gül-Moschee
Fâtih-Moschee
Sultan Süley Moschee
Cerrah Paşa-Moschee
Beyazıt-Moschee
Hippodrom
Deutscher Brunnen
Gemauerter Obelisk
Ägyptischer Obelisk
Schla säule

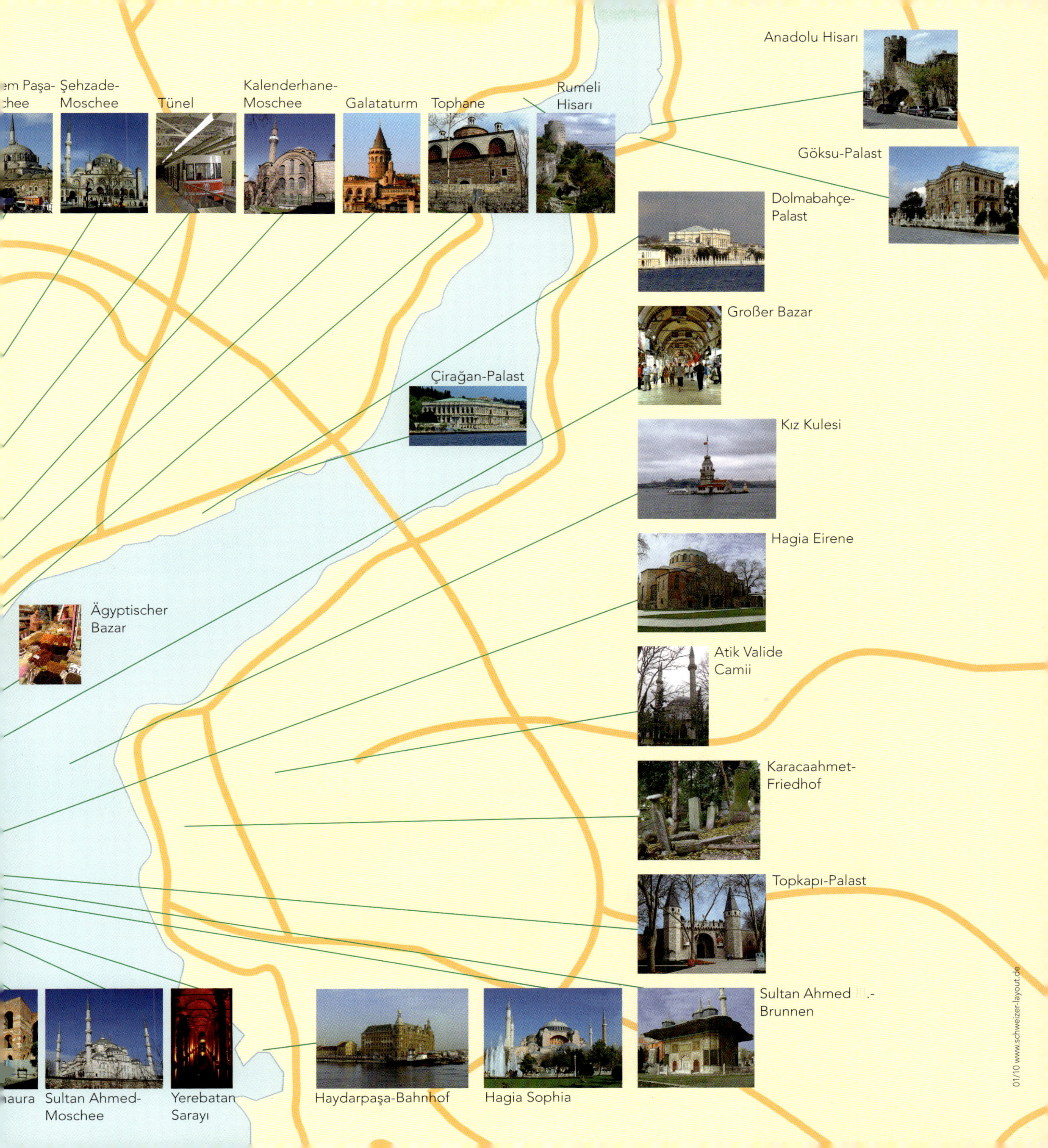

em Paşa-
chee
Şehzade-
Moschee
Tünel
Kalenderhane-
Moschee
Galataturm
Tophane
Rumeli
Hisarı
Anadolu Hisarı
Göksu-Palast
Dolmabahçe-
Palast
Großer Bazar
Çirağan-Palast
Kız Kulesi
Hagia Eirene
Ägyptischer
Bazar
Atik Valide
Camii
Karacaahmet-
Friedhof
Topkapı-Palast
Sultan Ahmed III.-
Brunnen
aura
Sultan Ahmed-
Moschee
Yerebatan
Sarayı
Haydarpaşa-Bahnhof
Hagia Sophia
01/10 www.schweizer-layout.de

152 Seiten mit 203 Farbabbildungen und 1 Übersichtskarte

*Umschlagabbildung:*
Sultan Ahmed-Moschee (Vgl. S. 112 ff.)
Andrew Word/Life File (Getty Images)

*Bibliografische Information der Deutschen Nationalbibliothek*
Die Deutsche Nationalbibliothek verzeichnet diese Publikation in der Deutschen Nationalbibliografie; detaillierte bibliografische Daten sind im Internet über <*http://dnb.d-nb.de*> abrufbar.

Weitere Publikationen aus unserem Programm finden Sie unter: *www.zabern.de*

© 2010 by Verlag Philipp von Zabern, Mainz
ISBN: 978-3-8053-4192-9
*Gestaltung, Satz*: Frank Schweizer, Göppingen
*Lektorat:* Cornelius Hartz, Hamburg
*Einbandgestaltung:* Andrea Schneider, b3K text und gestalt GbR, Frankfurt am Main und Hamburg
Alle Rechte, insbesondere das der Übersetzung in fremde Sprachen, vorbehalten. Ohne ausdrückliche Genehmigung des Verlages ist es auch nicht gestattet, dieses Buch oder Teile daraus auf fotomechanischem Wege (Fotokopie, Mikrokopie) zu vervielfältigen oder unter Verwendung elektronischer Systeme zu verarbeiten und zu verbreiten.
Printed in Germany by Philipp von Zabern, Mainz
Printed on fade resistant and archival quality paper (pH 7 neutral) · tcf

# Inhalt

Gläubiger beim Gebet in der Sultan Süleyman-Moschee.

ÇUPRA
AYVALIK KİLO
10.00 TL
LEVREK
KARADENİZ
HAKİKİ DENİZ
ÇUPRA'SI
AYVALIK
HAMSİ
KARADENİZ KİLO
7.00

# Vorwort

## Eine Metropole im Spiegel ihrer Denkmäler

Istanbul – wohl kaum eine Stadt wird so häufig in Geschichten, Gedichten und Erzählungen erwähnt wie die türkische zwölf-Millionen-Metropole. Als einzige Stadt weltweit auf zwei Kontinenten gelegen, diente sie über Jahrtausende hin als »Tor zum Orient« für den Westen und als »Brücke zum Okzident« für den Osten. Während ihrer über zweieinhalb Jahrtausende langen Geschichte war die Stadt am Goldenen Horn von zahlreichen Siegen, Niederlagen und Zerstörungen geprägt. Immer wieder wuchs sie auf ein Vielfaches ihrer ursprünglichen Größe an. Vieles macht heute den Zauber des einstigen Byzanz und späteren Konstantinopel aus; neben den herausragenden Glanzpunkten der Architektur – wie etwa der Hagia Sophia und der Sultan Ahmed-Moschee, besser bekannt als »Blaue Moschee« – sind es das orientalische Flair, das bunte, rege Treiben in den Bazaren und nicht zuletzt die Gastfreundschaft, die weder durch Vorurteile noch durch die Terror-Anschlägen der jüngeren Zeit zu trüben ist.

Die rasante Entwicklung dieser einerseits in anatolischer Tradition verharrenden, andererseits westlich orientierten Stadt zeichnete ein facettenreiches Gesicht, hinter dem sich ein ebenso vielschichtiger Charakter verbirgt. Jedes Zeitalter hat seine typischen Erscheinungen, jeder Herrscher prägt durch seine Art der Herrschaft, jede Generation hinterlässt ihre Spuren. Mal sind diese sichtbar, mal bleiben sie verborgen und manchmal werden sie wiederentdeckt. Diese Spuren sind es, die zweieinhalb Jahrtausende Istanbul ausmachen, und in den heute noch oder wieder sichtbaren Spuren spiegelt sich die bewegte Geschichte jener Stadt wider, die auch als »Stadt mit drei Namen«, als »Stadt dreier Weltreiche«, als »Stadt auf zwei Kontinenten« oder als »das Neue Rom« umschrieben wurde und wird und sich nun über eine weitere, offizielle Bezeichnung freuen darf: »Europäische Kulturhauptstadt 2010«.

Antike und Moderne, Tradition und Kommerz – Gegensätze die Istanbul einzigartig machen.

# Geschichte der Stadt der drei Namen

## Prähistorische Zeit – erste Siedlungsspuren

Wann sich die ersten Menschen rund um den Bosporus aufhielten und ansiedelten ist eine Frage, die sich, nicht zuletzt aufgrund der heutigen Baudichte Istanbuls, nur schwer beantworten lässt; doch zeigen einzelne Fundstätten, dass sich schon sehr früh Menschen am Übergang von Asien zu Europa aufhielten. Beispiel hierfür ist die Yarımburgaz-Höhle etwa 1,5 Kilometer nördlich vom Küçükçekmece-See, die heute als eine der wichtigsten Höhlen für die Forschungsarbeiten der mittelpleistozänen Archäologie und Paläontologie im nördlichen Mittelmeerraum gilt. Seit den 1960er Jahren fanden hier mehrere Untersuchungen und Ausgrabungen verschiedener Wissenschaftler statt. Sie besteht aus einer oberen und einer etwa 600 Meter langen unteren Höhle, in der sich am Eingangsbereich etwa 400 000 Jahre alte altpaläolithische Ablagerungen befinden. Bei den Untersuchungen hat sich gezeigt, dass hier Bären überwinterten (der Deninger-Höhlenbär, *Ursus deningeri*, und der Braunbär, *Ursus arctos*). Es wurden zwar keine Knochen von Menschen gefunden, doch aufgrund von Steinabschlägen wird angenommen, dass während des Sommers eine kleine Gruppe von Menschen die Höhle nutzte. Bei Ausgrabungen in der Nähe von Dudullu fanden Archäologen Werkzeuge aus dem Altpaläolithikum, und bei Ağaçlı nördlich von Istanbul fand man Werkzeuge aus dem Mittel- und Jungpaläolithikum (300 000–40 000 Jahre alt).

Wo einst der Höhlenbär seine Winterlager aufschlug, untersuchen heute Archäologen Spuren früher Menschheitsgeschichte.

Im oberen Abschnitt der Yarımburgaz-Höhle liegen Siedlungsschichten, die in die Jungsteinzeit (Neolithikum) bis Kupfersteinzeit (Chalkolithikum) datieren, wobei die Keramik des Chalkolithikums hier große Ähnlichkeiten mit denen mitteleuropäischer Kulturen aufweist.

Weitere Spuren neolithischer und chalkolithischer Siedlungstätigkeit fanden sich am Küçükçekmece-See, der Ende der letzten Eiszeit entstand. Auf anatolischer Seite wurde während Bauarbeiten für die Bagdad-Bahnlinie 1908 der neolithische Platz Pendik entdeckt. Erste systematische Untersuchungen fanden hier unter der Leitung von Kurt Bittel und Halet Çambel in den 1950er Jahren statt. Ebenso finden sich früheste chalkolithische Ansiedlungen am Fikirtepe in Kadıköy Kurbağlıdere, mit Funden, die von 5500–3500 v. Chr. datieren. Während dieser Zeit war die Region um Istanbul durch die Lebensweise der Jäger, Sammler und Fischer geprägt.

Nachdem 2004 mit einem ehrgeizigen Tunnel-Projekt zwischen asiatischer und europäischer Seite tief unter dem Bosporus begonnen wurde, kam neues Licht in die vorgeschichtliche Vergangenheit Istanbuls. Unter dem byzantinischen Hafen, der in diesem Zuge entdeckt wurde, fand man in tiefer gelegenen Schichten steinzeitliche Gräber aus dem 7. Jt. v. Chr., die Skelette von zwei Erwachsenen und zwei Kleinkindern bargen, daneben Grabbeigaben und Körner einer domestizierten Getreidesorte. Weiter kamen bei dieser Notgrabung Urnengräber aus dem Neolithikum zutage, wovon die meisten die Asche der Toten beinhalteten. In einer Urne fand sich das Skelett eines Kindes. Die Funde sind insofern bemerkenswert, als sie nicht nur Hinweis auf frühe Siedlungstätigkeit geben, sondern auch zeigen, dass damals sehr wahrscheinlich das Marmarameer noch ein Binnensee ohne Verbindung zu den Dardanellen und zum Schwarzen Meer war. Zudem kannte die Forschung auf türkischem Boden Kremationen bisher erst aus der Bronzezeit.

n der Yarımburgaz-Höhle fanden sich bei Grabungsarbeiten Knochen von Braunbären und Deninger-Höhlenbären.

Bereits im 1. Jt. v. Chr. soll am oberen Ende des Goldenen Horns eine Siedlung existiert haben, die den Name »Semistra« trug und deren Bewohner sich später auf der Serailspitze niederließen.

## Byzanz – eine Metropole entsteht

Nach den ersten Siedlungsspuren, die sich rund um den Bosporus finden, tritt die Stadt nun erstmals als »Byzantion« ins Licht der Geschichte – oder besser der Geschichtsschreibung. Freilich ranken sich anfänglich auch hier noch sagenhafte Erzählungen und Legenden um Byzantions Gründung und überragen das faktisch Fassbare. So soll zunächst ab dem 9. Jh. v. Chr. eine thrakische Siedlung mit Namen Lygos auf der Serailspitze errichtet worden sein, an derselben Stelle, wo zuvor schon der Ort Semistra gelegen haben soll. Reste dieser beiden Siedlungen sind jedoch nicht bekannt. Um 660 v. Chr. kam es dann zur Gründung der Stadt Byzantion, die, so will es die Legende, unter Führung des sagenhaften eponymen Heros Byzas aus Megara erbaut wurde. Anlass hierfür war demnach ein Orakelspruch von Delphi, der ihm nahegelegt hatte, eine neue Siedlung gegenüber der »Stadt der Blinden« zu errichten. Die Suche nach eben dieser Stadt führte ihn auf die Landzunge am Goldenen Horn, der gegenüber er Kalchedon sah (das heutigen Kadıköy). Da die dort Ansässigen ganz offensichtlich nicht die Vorzüge der Halbinsel mit ihren natürlichen Hafenplätzen erkannten und als Siedlungsplatz nutzten, sondern sich stattdessen auf der anderen Seite ansiedelten, mussten jene die im Orakel erwähnten »Blinden« sein – Kalchedon wurde von Byzas somit als »die Stadt der Blinden« identifiziert. Daraufhin gründete er an der Stelle, wo sich heute die Altstadt von Istanbul befindet, sein nach ihm benanntes Byzantion für die Bürger seiner und anderer griechischer Städte.

Wenngleich die Ausmaße der allerersten »byzantinischen« Siedlung nicht bekannt sind, so muss sie bereits früh gegen die fortwährenden Angriffe von Thrakern sowie von aus Kleinasien und über den Seeweg kommenden Widersachern befestigt worden sein. Diverse Heiligtümer lassen sich, wenn auch nicht mit letzter Sicherheit, durch verschiedene mittelalterliche Quellen lokalisieren. Demnach lag der Tempel des Apollon, der Aphrodite und der Artemis im heutigen Serail-Areal, auf der einstigen Akropolis. An der Einfahrt zum Goldenen Horn stand der Tempel des Poseidon und befand sich der Bezirk der Athena.

Schon früh scheint die Stadt einen ansehnlichen Wohlstand erreicht zu haben, wofür nicht nur die fischreichen Gewässer und der in der Antike berühmte Wein verantwortlich waren, sondern eben auch die günstige geografische Lage und die Anzahl natürlicher Buchten an der Einfahrt ins Goldene Horn; sie boten ideale Voraussetzungen zur Nutzung als Hafenanlagen. Schon im 6. und 5. Jh. v. Chr. entwickelte sich die Stadt zu einer reichen Handelsstadt mit weitreichenden Handelsbeziehungen, begünstigt durch die Lage am Bosporus, dem Nadelöhr zwischen Schwarzem Meer und Mittelmeer, und zugleich am Übergang von Asien und Europa. Diese strategisch herausragende Lage und der neugewonnene Wohlstand weckten jedoch auch schnell Begehrlichkeiten, und so wurde Byzantion schon bald in diverse kriegerische Handlungen verwickelt.

Im Jahre 512 v. Chr. überquerte der Perserkönig Darius I. (522–486 v. Chr.) im Zuge seines Skythenfeldzugs mithilfe einer Pontonbrücke den Bosporus und eroberte die Stadt. 479 v. Chr. bereitete der spartanische Feldherr Pausanias der persischen Herrschaft ein Ende und errichtete für einige Jahre hier eine Königsherrschaft, bevor er 476 v. Chr. vom Athener

Seit jeher ist der Bosporus eine der bedeutendsten Wasserstraßen weltweit.

Kimon vertrieben wurde. Nach seiner Flucht in die Troas wurde er später in Sparta, im Tempel der Athena Chalkioikos, eingemauert, wo er eigentlich Zuflucht gesucht hatte, und wurde qualvoll zu Tote gehungert. Nach dessen Vertreibung trat Byzantion dem 1. Attischen Seebund bei, entwickelte sich bis zur Mitte des 5. Jhs. v. Chr. zu einer der reichsten Städte des Mittelmeers und begann Ende desselben Jahrhunderts mit der ersten eigenen Münzprägung. Nachdem Byzantion im August 411, wie zahlreiche andere Mitglieder, infolge der immer rücksichtsloser ausgeübten Führungsrolle Athens vom Bund abfiel, geriet es im Wechsel unter die Gewalt Spartas und Athens. Als Athen im Peloponnesischen Krieg gegen Sparta 404 v. Chr. eine schmerzliche Niederlage erfuhr, war die Auflösung des 1. Attischen Seebundes besiegelt.

378 v. Chr. formierte sich der 2. Attische Seebund, als Defensivbündnis gegen Sparta, bei dem der Führungsrolle Athens durch die Autonomie der Mitglieder zunächst deutliche Grenzen gesetzt waren. Als Mitglied des neuen Seebundes erhielt Byzantion einen einträglichen Anteil am Bosporuszoll, beteiligte sich jedoch ab 364 v. Chr. an mehreren Unternehmungen, die gegen Athen gerichtet waren, um seine wirtschaftliche Stellung und seine Unabhängigkeit zu bewahren. Als einige Bundesgenossen vom Seebund abgefallen waren, versuchte Athen erneut eine stärkere Führungsrolle durchzusetzen und löste damit 357 v. Chr. den sog. Bundesgenossenkrieg aus, an dem sich auch Byzantion beteiligte. Mit der Niederlage Athens endete der Krieg 355 v. Chr., und der 2. Attische Seebund wurde aufgelöst.

Im Frühjahr 340 v. Chr. begann Philipp II. (336–317 v. Chr.) von Makedonien einen Vorstoß gegen die Meerengen und bedrängte zunächst mit neuer Belagerungstechnik die mit Byzantion verbündete Polis Perinthos. Die Stadt blieb jedoch, nicht zuletzt durch Hilfe Byzantions, wehrhaft, woraufhin Philipp II. einen Überraschungsangriff auf das stark befestigte Byzantion startete, ein Unternehmen, das jedoch ebenso fehlschlug. Der weitere Belagerungskrieg gegen die Stadt brachte dem Makedonenkönig auch nicht den erhofften Erfolg, so dass er im Herbst 340 v. Chr. einen Konvoi athenischer Getreideschiffe in seine Gewalt brachte. Athen sandte daraufhin zwei Flottengeschwader ins Marmarameer, die die makedonische Flotte schlugen und ins Schwarze Meer abdrängten, woraufhin Philipp II. die Belagerung aufgab und geschlagen den Rückzug anordnen musste.

Die im 3. Jh. v. Chr. in Kleinasien einfallenden Keltenstämme, die Galater, bedrohten bei ihrem Durchzug im Jahre 279 v. Chr. auch Byzantion, ließen von einem Angriff auf die Stadt jedoch ab, nachdem ihnen hohe Tributzahlungen zugesichert wurden.

## Gemeinsam mit Rom gegen Antiochos

Als im 2. und 1. Jh. v. Chr. die Römerherrschaft sich auf Kleinasien auszuweiten begann, verbündeten sich die Byzantiner mit Rom gegen Antiochos III. (223–187 v. Chr.) und später gegen Mithridates von Pontos, was von Rom mit zahlreichen Privilegien honoriert wurde und Byzantion 62 v. Chr. zur freien Stadt machte. Seine Sonderstellung verlor es erst wieder unter Vespasian (69–79 n. Chr.), bei den antirömschen Aufständen in den Ostprovinzen. Das Verhältnis zu Rom verschlechterte sich nochmals deutlich unter Kaiser Septimius Severus (193–211 n. Chr.) und brachte wohl auch

Mitten im Straßenbild noch immer sichtbar ist die Substruktion des Hippodroms, die das abfallende Gelände befestigte.

deutliche Einschnitte in der Stadtentwicklung mit sich. Nach der Ermordung des Commodus brach ein heftiger Thronstreit zwischen Pescennius Niger und Septimius Severus aus. Byzantion unterstütze hierbei den später unterliegenden Pescennius Niger und wurde dafür von Septimius zweieinhalb Jahre lang belagert, geplündert, ausgehungert und am Ende seiner Selbständigkeit beraubt. Dies wog umso schwerer, da die zerstörte Stadt Teil eben jenes Reiches war, dessen Thron Septimius Severus besteigen wollte. Doch erneut begann man gezielt mit dem Wiederaufbau und der Wiederbelebung der Stadt. Nach einem Umdenken Septimius Severus' und angeblich auf Bitten seines Sohnes Caracalla (211–217 n. Chr.) wurde die Stadt u. a. mit einer neuen Befestigungsmauer versehen und zu neuer Pracht geführt. Eine systematisch geplante, nach Süden hin erweiterte Neustadt entstand mit neuem Straßensystem und Hippodrom (Pferderennbahn) im Zentrum. Die gewaltigen Bögen der Substruktion des Hippodroms, für dessen Errichtung das Gelände mit großem Aufwand terrassiert werden musste, sind noch heute im abschüssigen Gelände zu sehen. Zudem wurden die Mauern des alten Teils wiederhergestellt und der Apollo-Tempel sowie das Theater ausgebessert, und die zeitweise »Antonia Polis« genannte Stadt wuchs auf etwa 110 Hektar an und wurde unter Caracalla noch mit weiteren Ausbesserungsarbeiten und Stiftungen bedacht; dennoch scheint die einst so prosperierende Handelsstadt deutlich an Bedeutung verloren zu haben, wie die unvollendet geblieben Zeuxipposthermen und der Hippodrom deutlich machen.

Die wiederhergestellte Befestigung schien Byzantion ausreichend Schutz geboten zu haben, um nicht von den Goten und Herulern, die zwischen 258 und 269 n. Chr. die Ägäis unsicher machten und hierbei mehrmals an der Stadt vorbeizogen, eingenommen zu werden. Nach den Thronwirren, die auf Diokletians (284–305 n. Chr.) Abdankung folgten, ging Konstantin (306–337 n. Chr.) als Sieger hervor; er schlug den letzten seiner Gegner, Licinius, auf kleinasiatischer Seite bei Chrysopolis. Byzanz kapitulierte widerstandslos.

## Konstantinopel – Aufstieg zum Reichszentrum

Allen Widrigkeiten zum Trotz sollten erneut glanzvolle, wenn nicht sogar die glanzvollsten Zeiten der Stadt anbrechen. Im Laufe der folgenden Jahrhunderte entwickelte sie sich zum politischen, wirtschaftlichen, geistigen und kulturellen Zentrum des Oströmischen Reiches. Auch wenn es vielleicht nicht gerade zwingend erschien, innerhalb der Grenzen des Römischen Reichs eine neue Metropole entstehen zu lassen, da es bereits mehrere »Zentren« gab, so entschied sich Kaiser Konstantin dennoch zur Schaffung eines neuen Reichszentrums an eben dieser Stelle.

Ein Grund dafür waren wohl die militärischen Schwierigkeiten in der Osthälfte des Herrschaftsgebiets. Aus dem Westen drangen immer wieder Völker ein, im Osten stellten die Perser eine Bedrohung Kleinasiens dar. Im November 323 begannen die Bauarbeiten an der zweiten Hauptstadt des Imperium Romanum, die am 11. Mai 330 feierlich als *nova Roma* – »neues Rom« – eingeweiht wurde und den Namen »Stadt des Konstantin« erhielt: Konstantinopel.

Dabei war die Wahl Konstantins nicht sofort auf das alte Byzanz gefallen. Zunächst hatte er die Eignung von Orten wie Kalchedon, Thessaloniki, Sofia und auch Troia/Ilion geprüft (schließlich stammte aus Troia, so der Mythos, die Gründerfamilie Roms). Die Residenz Nikomedeia seines Vorgängers Diokletian schien ihm aber letztendlich ebenso wenig geeignet wie die anderen, und so entschied er sich für die Stadt am Bosporus. Dies war der Ort, an dem die Karawanen Asiens zusammenliefen und über die engste Stelle zwischen den beiden Kontinenten Anschluss an das europäische Verkehrsnetz fanden. Schiffe, die zwischen dem Schwarzem Meer und dem Mittelmeer verkehrten, ließen sich leicht kontrollieren, und damit bestanden außergewöhnlich gute Voraussetzungen für ein neues Machtzentrum.

## Ein »neues Rom« wird gegründet

Bei der Stadtgründung vollzog Konstantin (immerhin der erste römische Kaiser, der sich zum Christentum bekannte) der Überlieferung nach freilich noch ein rein »heidnisches« Zeremoniell: Mit einem Pflug schritt er die neuen Stadtgrenzen ab, um diese durch eine Ackerfurche zu kennzeichnen. In den Ritus involviert waren auch Auguren, Seher, und

»heidnische« Philosophen. Doch bedenkt man, dass er das *nova Roma* geschaffen hatte, wird die Wahrung dieser Tradition mit seinem Bezug zum »alten Rom« verständlich; der Überlieferung nach soll auch Romulus auf diese Weise die Stadtgrenze Roms markiert haben. Zudem respektierte er die althergebrachten religiösen Traditionen – doch dürfte das nicht zuletzt auch aus taktischen Erwägungen resultiert haben, zumal ein Großteil der höheren Gesellschaft noch den alten Religionen anhing.

Die Neugründung Konstantinopels bedeutete keine komplette architektonische Neuordnung, sondern baute auf den Maßnahmen des Septimius Severus auf und führte teilweise unter diesem begonnene Projekte zu Ende. Die vorhandenen Tempel ließ Konstantin weiterhin bestehen und auch zum Teil restaurieren, wenngleich sie nun ohne Einkünfte auskommen mussten. Er ließ sogar noch zwei zusätzliche Tempel errichten. Aus allen Teilen des Römischen Reichs ließ er Reliquien herbeibringen, um die sakrale Bedeutung herauszustellen, sowie Plastiken und bildnerische Monumente ins neue Zentrum transportieren, um das Fehlen der lokalen Tradition zu kompensieren. Kostbare Statuen, etwa aus Delphi und Olympia sowie aus anderen alten Kultstätten Griechenlands, wurden herangeschafft, was den Kulturhistoriker Jacob Burckhardt im 19. Jh. zu der Äußerung veranlasste, es handelte sich »um den schändlichsten und massenhaftesten Kunstraub der ganzen Geschichte, zum Behuf der Ausschmückung einer neuen Hauptstadt.« Das Fehlen einer Kunsttradition begründet sich in der Funktion des alten Byzantion, das in erster Linie Handelsstadt war und keine größere kulturelle Bedeutung erlangte, wie dies etwa bei den zahlreichen anderen griechischen Städten der Fall gewesen ist. Somit brachte das Engagement der ersten Kaiser beim Wiederaufbau mit sich, dass Handwerker, Künstler und mit ihnen die Bautraditionen und Stile aus allen Reichsteilen nach Konstantinopel eingeführt wurden. Hier vereinigten sich infolgedessen der gesamte Formenschatz und die Handwerkskunst insbesondere des Oströmischen Reichs an einem Ort, von wo aus sie später wiederum in neuer Form weitergegeben wurden.

Während heute stanbul dicht bebaut ist, versuchte Konstantin . durch verschiedene Anreize die Bevölkerung des Reichs als Zuwanderer für sein »neues Rom« zu begeistern.

## Zuwanderung erwünscht!

Trotz der Anknüpfung an die Baumaßnahmen des Septimius Severus scheint es durchaus gerechtfertigt zu sein, nicht einfach von einer städtebaulichen Erweiterung zu sprechen, sondern in Konstantinopel eine Neugründung zu sehen. Konstantin übernahm zwar die über Jahre gewachsenen Strukturen, jedoch erweiterte er die Stadt, die wie das Vorbild Rom auf sieben Hügeln lag, um ein Vielfaches. Nicht dass diese Ausweitung durch einen Bevölkerungszuwachs zwingend notwendig geworden wäre; Konstantin stiftete sogar Mittel für die weniger betuchte Bevölkerung als Anreiz zur Übersiedlung nach Konstantinopel und schaffte neue Privilegien (*ius Italicum*), um alteingesessene, angesehene Familien Roms hierherzulocken. Desweiteren wollte man Zuwanderer durch großzügige Getreidezuteilungen anziehen. Hierfür wurden extra im Hafenareal sowie im südlichen Bereich der Landzunge große Magazine für die Getreidelagerung errichtet. Als weiteres Mittel für die Darstellung der Bedeutung der Stadt nutzte er die Münzprägung, mit der sich Konstantinopel als Rom ebenbürtig präsentierte. All diese Bemühungen, die Stadtbevölkerung zu vergrößern, zeitigten jedoch zunächst eher bescheidenen Erfolg.

Das Schema des Stadtplans unterschied sich deutlich vom Rasternetz, das in der Kaiserzeit häufig der städtebaulichen Konzeption zugrunde lag. Wenngleich aufgrund der intensiven Bautätigkeit über Jahrhunderte heute keine detaillierte Aussage über den Gründungsplan mehr getroffen werden kann, so zeigt sich doch, dass die Hauptstraßen fächerförmig auseinanderliefen und über Querachsen miteinander verbunden waren. Dazwischen lagen teilweise frei bebaubare Flächen. Wichtige repräsentative oder sakrale Bauwerke bzw. Anlagen wurden an herausragenden Stellen der hügeligen Stadt errichtet. Einige bereits unter Septimius Severus begonnene Großprojekte ließ Konstantin fertigstellen, wie etwa den Hippodrom oder die Zeuxipposthermen. Die Stadtfläche wuchs auf ungefähr 6 km² an und wurde zum Landesinneren hin mit einer neuen Mauer, deren Verlauf sich heute nur bedingt rekonstruieren lässt, befestigt. Es entstanden ein Straßennetz, eine Wasserversorgung mit Zisternen und Wasserleitungen, Hafenanlagen und Speicherbauten. Auf dem kreisförmigen Konstantinsforum mit Verwaltungsbauten und Sklavenmarkt wurde im Jahr 328 eine große, ursprünglich etwa 50 m hohe Säule aus Porphyr mit einem vergoldetem Kaiserstandbild aufgestellt, deren Reste noch heute erhalten sind. Dargestellt war der Kaiser – nackt und mit der Strahlenkrone des Apoll bekrönt. In der Basis der Säule wurden ebenso christliche wie »heidnische« Reliquien vermauert, eine Vorgehensweise, die mit dem »heidnischen« Zeremoniell des sich zum Christentum bekennenden Kaisers bei der Gründung einherging. Natürlich waren Profanbauten wie Verwaltungsgebäude oder der prunkvolle Kaiserpalast von großer baulicher repräsentativer Bedeutung, doch gelangte man in weiten Bevölkerungskreisen grundsätzlich durch die Errichtung von Sakralbauten zu höherem Ansehen. So ließ Konstantin neben der Erhaltung bestehender »heidnischer« Stätten die Kirche der Heiligen Eirene ausbauen: sein wohl als wichtigster zu wertender Bau. Sie soll die älteste Kirche von Byzanz gewesen sein, errichtet, noch bevor Konstantin in Erscheinung trat. Eine sicherlich wohlüberlegte Besonderheit war, dass der Kaiser sie nicht etwa einer heiligen Gestalt weihte, sondern dem abstrakten Gedanken eines »göttlichen Friedens«. Der Kirchenbau wurde im Laufe der Zeit mehrmals zerstört und brannte zuletzt beim Nika-Aufstand ab.

Besondere Beachtung scheint Konstantin dem Hippodrom als Ort einerseits der Unterhaltung, andererseits des Zusammentreffens von Kaiser und Volk geschenkt zu haben. Hierher ließ er zahlreiche, insbesondere aus Griechenland stammende Bildwerke schaffen und aufstellen. Ein Beispiel hierfür ist die sog. Schlangensäule aus Bronze. Sie zeigt drei ineinandergewundene Schlangen, die auf ihren Köpfen einen Dreifuß trugen. Die an der Schlacht bei Plataä 480 v. Chr. beteiligten siegreichen Griechenstädte hatten sie ursprünglich als Weihegeschenk nach Delphi gebracht.

Vom Kaiserpalast zum Hippodrom bestand ein direkter Zugang; ob dieser bereits aus der Zeit Konstantins stammt, lässt sich zwar nicht sicher sagen, ist aber denkbar. Ein heute noch hoch aufragendes, eindrucksvolles Bauwerk ist der Valens-Aquädukt (Bozdoğan Kemeri), der sich über die Istanbuler Stadtteile Sarachane und Zeyrek erstreckt. Er wurde noch unter Konstantin begonnen und 378 unter Kaiser Valens (364–378) fertig gestellt. Dieser Aquädukt war Teil eines weit verzweigten Wasserleitungssystems, über das Konstantinopel und z. T. noch das heutige Istanbul mit Trinkwasser versorgt wurde bzw. wird. Das Wasser entstammt einer Quelle ca. 20 km westlich der Stadt bei dem Dorf Mahmutbey. Heute sind noch etwa 920 m des doppelgeschossigen Bauwerks erhalten.

Der 378 fertig gestellte Valens-Aquädukt war Teil eines weit verzweigten Wasserleitungssystems.

Konstantin fand seine letzte Ruhestätte in der von ihm begonnenen und unter seinem Sohn Konstantin II. fertig gestellten Apostelkirche.

### Fortführung des väterlichen Erbes

Nach Konstantins Tod am 22. Mai 337 kam es zu einer Serie von politischen Morden. Opfer waren meist männliche Verwandte Konstantins, ausgenommen seine Söhne. Sein Sohn Constantius II. (337–361) führte als sein Nachfolger – zunächst Kaiser des Oströmischen Reichs – die begonnene Bautätigkeit weiter. Er ließ die Befestigungsmauern, die erste Hagia Sophia sowie die Apostelkirche fertig stellen und begann weitere, neue Projekte, darunter die Konstantinianai-Thermen und den Konstantinianai-Palast. Im Laufe der folgenden Jahrzehnte wurde die Wasserversorgung der Stadt ausgebaut; es wurden Zisternen errichtet und eine Fernwasserleitung gebaut, wovon der heute noch eindrucksvollste Teil der Valensaquädukt ist, eine monumentale mehrstöckige Anlage, die zwischen 368 und 373 erbaut wurde. Außerhalb der Stadt entstanden um 380 die ersten beiden Klöster, die zusammen mit einigen kleinen Kirchen im Umkreis größerer Landgüter standen.

Bei all den groß angelegten Bautätigkeiten der ersten Kaiser wurde Konstantinopel erst gegen Ende des 4. Jhs. un-

Archäologische Untersuchungen im antiken Hafen Konstantinopels aus der Zeit Theodosius' .

ter Theodosius I. (379–395) ständiger Regierungssitz eines der beiden Kaiser des Römischen Reiches und dauerhaftes Zentrum. In diesen und den folgenden Jahren erhielten die noch freien Flächen entlang der Ausfallstraßen ihre architektonische Gestaltung in Form großer Hallenplätze. Noch heute sichtbare Reste dieser Anlagen sind die Substruktionen der umfangreichen Terrassierungen, die aufgrund des hügeligen Geländes notwendig waren. In diesen Jahren wurde die schon zuvor »inoffiziell« verwendete Bezeichnung »neues Rom« Bestandteil offizieller Dokumente und war damit mehr als nur eine »Ruhmesfloskel«.

Bei den Bauarbeiten am Marmara-Tunnel wurden 2005 im Stadtteil Yenikapi Reste eines Hafens und seitdem über 30 Schiffswracks gefunden. Der Hafen entstand vermutlich in der Regierungszeit Theodosius' I. Gefunden wurden auch Reste von Gebäuden aus römischer und byzantinischer Zeit, Steinanker und unzählige Amphoren, die als Transportgefäße dienten, sowie weitere Gefäße und Scherben.

Unter Theodosius II. (408–450) wurde im 5. Jh. das inzwischen dicht besiedelte Stadtgebiet nochmals auf über das Doppelte erweitert, von etwa 6 auf 14 km$^2$, und in 14 *regiones* mit weiteren 322 Verwaltungseinheiten (*vici*) eingeteilt. Die Erweiterung machte auch den Bau einer neuen Stadtmauer notwendig. So wurde in zwei Bauabschnitten ein innerer und äußerer Landmauerring errichtet, eine Befestigungsanlage, die die Stadt zur mächtigsten Festung des zeitgenössischen Europa machte. Noch heute kennzeichnet der Mauerring mit seiner beeindruckenden Mächtigkeit die historische Altstadt.

Der Sophist Themistios konnte bereits 356 Constantius II. überzeugen, eine Schreibstube zum Kopieren klassischer Schriften einzurichten. Dies war der Grundstock für die Bibliothek, deren Bau Julian im Jahre 362 stiftete und in der auf Veranlassung von Valens sieben *antiquarii* angestellt wurden, welche sich um die Vergrößerung des Buchbestands sowie um den Erhalt der Bücher zu kümmern hatten. Zu einem geistigen Zentrum wurde Konstantinopel in den ersten nachchristlichen Jahrhunderten dennoch nicht, obwohl 425 zudem eine Hochschule gegründet wurde, in der zunächst noch theologische Streitigkeiten die Hauptrolle spielten. 475 brannte die Bibliothek, die bis dahin einen Buchbestand von etwa 120 000 Büchern aufgebaut hatte, nieder.

Obwohl Klöster aufgrund eines Gesetzes Ende des 4. Jhs. außerhalb der Stadt angesiedelt wurden, wuchs im Laufe des

5. Jhs. die Zahl derer, die dennoch innerhalb der Stadtbefestigung errichtet wurden. So existierten bis Mitte des 6. Jhs. über 70 Klöster in der Stadt.

## Nika-Aufstand und Bilderstreit

Nachdem unter Justinian I. (527–565) beim sog. »Nika-Aufstand« im Jahre 532 vermutlich Aufständische ein Großfeuer legten, welches große Teile des Stadtzentrums im Bereich um die Hagia Eirene, den Palast und das Konstantinsforum zerstörte, erfuhr Konstantinopel nochmals eine grundlegende Erneuerung. Justinian ließ die Hagia Eirene und das Sampson-Spital sowie Teile des Palasts und der Zeuxipposthermen neu errichten und baute in der Stadt und ihrer Umgebung weitere Kirchen und Klöster. Glanzpunkt dieser »Justinianischen Renaissance« ist die berühmte Hagia Sophia. In dieser Zeit erweiterte das Reich erstmalig wieder sein Staatsgebiet, und Kunst und Wissenschaft gelangten zu einer einzigartigen Blüte. Ab Mitte des 6. Jhs. wurde die Entwicklung der Hauptstadt u. a. von mehreren Pestepidemien stark gehemmt. Darüber hinaus waren im 7. Jh. die wirtschaftlichen Mittel allmählich erschöpft, und das Reich musste mehrere Gebiete einbüßen.

Das 7. und beginnende 8. Jh. waren durch zahlreiche mittelbare und unmittelbare Bedrohungen für Konstantinopel gekennzeichnet: Abwechselnd bedrohten Perser, eine avarisch-slawische Truppe, Araber und Bulgaren die Stadt von Landseite oder über See. Die Bautätigkeiten beschränkten sich in dieser Zeit naturgemäß im Wesentlichen auf die Sicherungsanlagen der Stadt. Die Stadtmauern wurden ebenso ausgebaut wie die Hafenbefestigung, wobei 717 zum ersten Mal von einer Sperrkette im Goldenen Horn die Rede ist. Die Siedlungen außerhalb der Stadt, denen bei der Versorgung Konstantinopels eine bedeutende Rolle zukam, waren zerstört und die Bevölkerung durch Epidemien stark dezimiert. Zudem entwickelte sich ein innerer Konflikt, und vieles von dem, was die vorangegangenen Jahrhunderte an Bildwerken hinterlassen hatten, ging zwischen 726 und 843 durch die ikonoklastischen Streitigkeiten (den sog. »Bilderstreit«) verloren: Im Verlauf dieser religiös-politischen Bewegung, die sich auf das Mosaische Gesetz berief, das keine Darstellung Gottes erlaubte, wurden nahezu alle Bilder Gottes und seiner Geschöpfe vernichtet.

Zahlreiche Bildwerke, wie die Fresken der Kalenderhane Camii, fielen dem konoklasmus (Bilderstreit) zum Opfer. Einige davon konnten wieder restauriert werden.

Heute sind nur noch sehr wenige Bauten aus der Zeit zwischen dem 7. und 10. Jh. erhalten. Unsere Kenntnis über das Stadtbild erhalten wir hauptsächlich aus Bauvorschriften und anderweitigen Erwähnungen. Dabei zeigt sich, dass gegen Ende des 9. Jhs. offensichtlich die Bevölkerungszahl wieder deutlich angestiegen ist.

## Aufbruch in ein neues Zeitalter

Als durch die Synode von 843 das Ende des Bilderstreits proklamiert wurde, begann Konstantinopel erneut aufzublühen, und es folgte das »Goldene Zeitalter« der Stadt unter den Kaisern der Makedonischen Dynastie. Zahlreiche Kirchen wurden neu ausgeschmückt, andere unter Basileios I. (867–886) wiederhergestellt und dazu noch acht weitere neu errichtet. Im Jahre 863 wurde im Magnaurapalast von Caesar Bardas eine neue Hochschule gegründet, die sich schnell zu einem Zentrum byzantinischer Bildung und Wissenschaft entwickelte. Unter Kaiser Konstantin IX. (1042–1055) und dem Patriarchen Michael I. kam es dann 1054 zur endgültigen Trennung der griechisch-orthodoxen und der römisch-katholischen Kirche. Knapp zwei Jahrzehnte später sah sich Konstantinopel jedoch bereits einem neuen Feind gegenüber: 1071 besiegten die Seldschuken unter Alp Arslan (1063–1072) die Byzantiner bei Mantzikert, nordwestlich des Vansees, und besetzten das Innere Kleinasiens. Aus innerbyzantinischen Machtkämpfen ging mit Alexios I. (1081–1118) ein Vertreter der Komnenendynastie im Jahre 1081 als Kaiser hervor. Aufgrund des desolaten Zustands seines Heeres und der massiven Bedrohung durch normannische Einfälle von der Adriaküste her sowie Angriffen von Slawischen Völkern blieb dem Kaiser nichts anderes übrig, als die römisch-katholische Kirche (die ja ihrerseits inzwischen vom östlichen Christentum getrennt war) um Hilfe zu bitten. So ersuchte er Papst Gregor VII. (1073–1085) um Entsendung westlicher Truppen; da dieser aber eigene Machtkämpfe mit dem deutschen Kaiser auszufechten hatte, kam es nicht dazu.

Dies änderte sich nach neuerlichem Bitten von Alexios I. unter Gregors Nachfolger Urban II. (1088–1099). So kam es in Europa zu Kreuzzugsbewegungen, die die Glaubensbrüder retten und das Heilige Land von den »Ungläubigen« befreien sollten. Während des 4. Kreuzzugs fand jedoch ein Angriff auf Konstantinopel selbst statt. Die Venezianer versuchten gemeinsam mit den Kreuzfahrern einen Thronwechsel in Konstantinopel durchzusetzen, was letztendlich am Widerstand der Byzantiner scheiterte. Am 17. Juli 1203 erlag Konstantinopel nach der Belagerung von Galata ein erstes Mal und wurde besetzt. Als Kaiser wurde der von seinem Bruder Alexios III. (1195–1203) abgesetzte Kaiser Isaak II. (1203–1204) erneut inthronisiert. Er war jedoch nicht in der Lage, die vorausgegangenen Versprechungen, wie die Kirchenunion mit Rom zu veranlassen, hohe Gelder an Venedig zu zahlen oder das Kreuzfahrerheer mit 10 000 Soldaten zu unterstützen, einzuhalten.

Am 13. April 1204 wurde daraufhin die Stadt erneut erstürmt, drei Tage lang geplündert und ein wahres Blutbad angerichtet, Kunstschätze geraubt oder auch nur in blinder Zerstörungswut vernichtet. Im darauf folgenden halben Jahrhundert zerfiel die Stadt mit ihren einst prächtigen Bauwerken Stück für Stück. Die wirtschaftliche Situation verschlechterte sich deutlich, der Handel ging zurück und die Versorgung der

Blick über die Serailspitze mit der Hagia Sophia.

Bevölkerung wurde schwieriger. Vom Papst bestätigt, regierte als oströmischer Kaiser nun Balduin von Flandern (1204–1205), während die byzantinischen Kaiser ins Exil nach Nikäa gingen bzw. das Reich von Trapezunt gründeten.

Nachdem Michael VIII. Palaiologos (1261–1282) seit seinem Sieg bei Pelagonia gezielt die Umgebung Konstantinopels besetzt hatte, eroberte er 1261 die Stadt, die er nahezu unverteidigt vorfand. Die Quartiere der Lateiner am Goldenen Horn wurden niedergebrannt, und der Kaiser und die lateinische Bevölkerung ergriffen die Flucht. Im Folgenden wurden die Befestigungsmauern erneuert, dann die Paläste, Kirchen und Klöster instandgesetzt und die wiedergewonnene, inzwischen fast leere Hauptstadt wieder bevölkert.

Ende des 13. Jhs. nahm eine Serie von Klosterstiftungen durch Adelsfamilien und Angehörige des Kaisers ihren Anfang. Bestehende Klöster wurden erneuert und dem Baustil der Zeit angepasst. Ab dem frühen 14. Jh. spielten die italienischen Kaufleute die Hauptrolle im Schwarzmeerhandel. Die 1267 von den Genuesern gegründete Stadt Pera, nördlich des Goldenen Horns, erreichte im Vergleich zu Konstantinopel das Vielfache an Zolleinnahmen, und sie wurde immer bedeutender für die Lebensmittelversorgung der Hauptstadt. Das letzte Jahrhundert byzantinischer Herrschaft in Konstantinopel war angebrochen.

## Mehmet ante Portas – Übernahme durch die Osmanen

Bürgerkriege, verheerende Erdbeben und Pestepidemien machten der Stadt schwer zu schaffen. Das alte Stadtzentrum war derweil größtenteils zerfallen. Versuche zur Erhaltung (wie etwa die Reparatur der eingestürzten Kuppel der Hagia Sophia Mitte des 14. Jhs.) waren mit eigenen Mitteln gar nicht mehr realisierbar. Zahlreiche Gebäude waren nur noch Holzkonstruktionen, die Bebauung glich einer Ansammlung kleiner Dörfer innerhalb der alten Stadtmauern.

Der Druck des sehr rasch expandierenden Osmanischen Reichs wurde gegen Ende des 14. Jhs. immer größer. Im Inneren Anatoliens war unter Osman (1288–1326) aus dem zusammengebrochenen Sultanat der Rum-Seldschuken eine neue Herrschaft hervorgegangen. Bereits dessen Sohn Orhan (1326–1359) wagte einen, wenngleich erfolglosen, Angriff auf Konstantinopel und gab seinem Sohn Murad I. (1359–1389) den offiziellen Befehl sich auf europäischem Boden festzusetzen. Murad baute Adrianopel – das heutige Edirne – nach seiner Eroberung zur Residenz aus, wodurch sich das Gebiet von Konstantinopel mehr und mehr bis auf das eigentliche Stadtgebiet verkleinerte und nur noch über den Seeweg erreichbar war.

1402 drang der Mongolenkhan Timur Lenk in das von den Osmanen eroberte Gebiet und schlug Beyazıt I. (1389–1402) bei Ankara. Nachdem dieser in Gefangenschaft starb, tobten zehn Jahre lang Thronfolgekämpfe unter seinen Söhnen, aus denen Mehmed I. (1413–1421) 1413 als neuer Sultan hervorging. Nach einer kurzen Erholung Konstantinopels dezimierte 1435 erneut die Pest weite Teile der Bevölkerung, und der Kaiser bat ein letztes Mal das katholische Abendland um Hilfe gegen die drohenden Türken, woraufhin Revolten in der Stadt ausbrachen. Zum zweiten Mal bestieg im Jahre 1451 Mehmed II. (1444–1446 und 1451–1481) in Edirne den Thron des Sultans, und er machte sich unmittelbar daran, Konstantinopel zu erobern. Gegenüber der Festung Anadolu Hisarı ließ er die Sperrfeste Rumeli Hisarı errichten und konnte nun die Schifffahrt auf dem Bosporus komplett blockieren. 1453 zog er mit einem großen Heer gegen die Stadt, die sich zwar noch einige Zeit zu wehren imstande war, dann aber am 29. Mai 1453 fiel. Nach der Eroberung wurde die Stadt, die sich nicht ergeben hatte, für drei Tage zur Plünderung freigegeben.

## Istanbul – die osmanische Ära

Mit dem Einzug von Mehmed II., dem man nun den Beinamen Fâtih, »der Eroberer«, gab, begann ein neuer Abschnitt der Stadtgeschichte. Die Stadt wurde Residenz der osmanischen Sultane und erhielt den Namen »Istanbul« (vermutlich gebildet aus dem griechischen *is tin pólis* = »in die Stadt«, »zur Stadt hin«) und wurde im Abendland nun »Stambul« genannt. Alle Sultane haben seit Mehmed II. von Istanbul aus das Reich regiert und wurden auch dort bestattet.

Um die Stadt wieder zu bevölkern, ließ der Sultan in den Jahren nach der Eroberung zahlreiche Kriegsgefangene und Zwangsumsiedler von seinen Feldzügen aus Kleinasien, Serbien, Makedonien und den Ägäischen Inseln hineinbringen. Diese wurden als geschlossene ethnische Gruppen in Quartieren angesiedelt, was sich noch heute in einigen Namen von Straßen oder Stadtvierteln widerspiegelt. Ab 1459 wurde auch den vertriebenen Einwohnern die Rückkehr gestattet, jedoch flohen viele der zwangsweise angesiedelten Einwohner wieder, und zudem rafften zwischen 1455 und 1472 weitere Pestepidemien zahlreiche Bürger hinweg. Dennoch stieg die Zahl der Einwohner (im Wesentlichen Türken, Griechen, Franken, Armenier und Juden) bis 1480 auf geschätzte 65 000–85 000 an.

## Blüte der Architektur

Zwei große Palastanlagen ließ Mehmed II. errichten; den sog. Alten Palast (Eski Saray), der sich heute unter der Universität und unter der *Süleymaniye* befindet, sowie 1458 den Neuen Palast (Yeni Saray), später Topkapı Sarayı genannt. Die altehrwürdige Hagia Sophia wurde zur wichtigsten Moschee der Stadt umgewandelt, und die Apostelkirche war nun Amtssitz des Patriarchen. Auch viele kleinere Kirchen wurden zu Moscheen umgebaut und weitere Gotteshäuser in den türkischen Stadtbezirken errichtet. Schon bald nach 1453 wurde die Wasserleitung erneuert, die nun die größeren Moscheen, den Palast sowie Bäder und Brunnen mit Frischwasser versorgte. Am Platz der bei einem Erdbeben zusammengestürzten Apostelkirche entstand zwischen 1463 und 1470 die Fâtih Camii, mit 16 Medresen und weiteren Stiftungsbauten einer der bedeutendsten Baukomplexe Mehmeds. Damit begründete er eine Tradition, der sich seine Nachfolger verpflichtet sahen, und so prägen heute im Wesentlichen die großen Sultansmoscheen und -stiftungen die Silhouette Istanbuls.

Sein Nachfolger Beyazıt II. (1481–1512) setzte die Umsiedelungspolitik Mehmeds II. fort. 1509 fielen erneut zahlreiche Bauwerke einem starken Erdbeben zum Opfer, wobei insbesondere die Stadtmauern beschädigt wurden. Unter Selim I. (1512–1520) wurde Konstantinopel nach der Eroberung von Syrien und Ägypten Sitz des Kalifats und Metropole der islamischen Welt. Unter seinem Sohn Süleyman I.

(1520–1566), genannt der Prächtige, gedieh in der Stadt eine zuvor unvorstellbare architektonische und künstlerische Blüte. Den markantesten baulichen Akzent setzt wohl der nach ihm benannte Moscheenkomplex mit seinen 4 Minaretten. Möglich wurden die umfangreichen Bautätigkeiten durch steigende Staatseinnahmen und v. a. durch die Beute aus den Eroberungsfeldzügen Anfang des 16. Jhs. Mehrere große Moscheenkomplexe entstanden in dieser Zeit, und für viele davon ist der bedeutendste zeitgenössische Baumeister Sinan verantwortlich. So entstanden binnen kurzer Zeit die Sultan Selim-Moschee (1520–1526), die Şehzade-Moschee (1543–1548) und die Süleymaniye (1550–1557). Daneben entstanden noch weitere Moscheen als Stiftungen der Gattin und Tochter des Herrschers sowie der Wesire. Die Bedeutung dieser Bauten geht über das Sakrale weit hinaus, dienten sie doch auch der sozialen und geistigen Fürsorge, meist verbunden mit Armenküchen.

Dies war die Zeit der Osmanischen Klassik, in der die schönen Künste zur Vollendung gelangten und im Inneren des Reichs Frieden herrschte. Das Reich reichte von Belgrad bis nach Täbris und von der Krim bis zum Jemen, einschließlich Ägyptens und Nordafrikas. Während seine Nachfolger Selim II. (1566–1574) und Murad III. (1574–1595) diese intensive Bautätigkeit noch weiter fortführten, kam es

Minirock und traditionelles Kunsthandwerk: nirgends scheinen der »Orient« und der »Okzident« so nah beieinander zu sein wie in stanbul – und dies nicht nur geografisch.

gegen Ende des 16. Jhs. allmählich zu finanziellen Schwierigkeiten, und so blieb etwa die Yeni Valide-Moschee, begonnen 1597, unvollendet. Eine der Ausnahmen war die Sultan Ahmed-Moschee (die sog. Blaue Moschee), die von Ahmed I. (1603–1617) in Auftrag gegeben wurde und überaus reich ausgestattet wurde.

## Die »Tulpenzeit« und das Ende der Osmanischen Klassik

Im Laufe des 17. Jhs. machten sich die ersten Verfallserscheinungen bemerkbar; den Sultanen entglitt mehr und mehr die Macht, die nun zunehmend in den Händen ihrer Mütter, der Wesire und des Militärs lag. Eine verkünstelte Lebensart nach strengen protokollarischen Regeln kennzeichnete inzwischen den Hof.

In der sog. »Tulpenzeit« unter Sultan Ahmed III. (1703–1730) gab es nochmals eine letzte glanzvolle Zeit für die Stadt, doch in der Zeit nach Napoleon entwickelte sich ein nationalstaatliches Gedankengut, und zahlreiche Bürger erhoben sich gegen die osmanische Herrschaft. Im 19. Jh. orientierte man sich zwischenzeitlich in vielerlei Hinsicht am westlichen Europa, was sich an vielen Neubauten dieser Zeit ablesen lässt. So unterscheidet sich der Dolmabahçe-Palast von 1856, mit Pomp aus Kristall und Marmor, komplett vom Konzept der alten Serailarchitektur. Selbst gotische Elemente wurden nun verarbeitet, etwa in der 1871 erbauten Valide-Moschee. Die »Lust am Bauen« war aber auch bei den folgenden und zugleich letzten Sultanen ungebrochen, und so entstanden am Ende der osmanischen Epoche nochmals zahlreiche Paläste, die einzelne Viertel prägen sollten.

## Die Kemalsche Wende

Nach der Neugründung durch Konstantin und der Eroberung durch Mehmed II. Fâtih kam es 1923 zur dritten historischen Wende für die Stadt. 1600 Jahre lang war Konstantinopel Hauptstadt eines Kaiserreichs. Mehr als eineinhalb Jahrtausende lang wurden die Geschicke des Reichs vom Bosporus aus gelenkt. Dies änderte sich schon bald nach dem Ersten Weltkrieg. Nach Abzug der alliierten Truppen schien sich im Zuge der von Mustafa Kemal Atatürk (1881–1938) initiierten Staatsumwälzung dieser Ort mit all seiner Ver-

Wer zur »falschen Zeit« nach  stanbul kommt … Restaurierungsarbeiten an den Denkmälern gehören mit zu den Aufgaben der Stadt (hier die Konstantinssäule).

gangenheit nicht mehr als Verwaltungszentrum einer neugegründeten modernen Republik zu eignen. Neuer Regierungssitz wurde das im anatolischen Hochland gelegene Ankara. Heute ist Istanbul eine pulsierende Metropole, die anatolische Tradition mit dem Habitus westeuropäischer Gesellschaften vereint.

## Europäische Kulturhauptstadt 2010

Nach seiner langen wechselvollen Geschichte erfuhr Istanbul im November 2006 eine ganz besondere Anerkennung, als es von der Europäischen Union zur Kulturhauptstadt Europas für das Jahr 2010 ernannt wurde. Möglich geworden war dies durch einen im Jahre 2000 gefassten Beschluss, die Nominierung auch auf Nichtmitglieder der EU zu erweitern. Dies zeigt nicht zuletzt, welche Bedeutung der türkischen Metropole, die immerhin zu 97 Prozent auf europäischem Boden liegt, insbesondere in kultureller Hinsicht beigemessen wird. Auch wenn heute nicht zu übersehende Probleme der Stadt zum Teil heftig zusetzen, wie etwa die seit Jahrzehnten stattfindende Zuwanderung und ein entsprechend rasantes Bevölkerungswachstum, große Verkehrs- und Umweltprobleme, soziale Spannungen und verbreitete Armut – ihre Geschichte, die mit jedem Schritt fassbar ist und zugleich das Tempo, mit dem diese Welt-

Die 1. Bosporusbrücke überspannt den Bosporus auf einer Länge von gut 1500 m und wurde nach dreijähriger Bauzeit 1973 zum 50. Jahrestag der Republik Türkei eröffnet.

stadt gen Zukunft schreitet, wecken weltweit Interesse und machen sie zu einem beliebten touristischen Ziel. Doch vielleicht sind es auch gerade die teils krassen Gegensätze, die dieses faszinierende Bild zeichnen. Einerseits wuchern die *Gecekondus*, die »über Nacht gebauten« Häuser der jenseits der Sonnenseite Lebenden, andererseits wachsen immer mehr der protzigen Glaspaläste großer Banken und Konzerne in die Höhe. Während die Schere zwischen Arm und Reich zu den eindeutig negativen Erscheinungen zu zählen ist, erzeugen andere, vielleicht auch nur vermeintliche Gegensätze, eine positive Spannung. So gehören Minirock und Kopftuch heute gleichermaßen zum Straßenbild der scheinbar nie schlafenden Stadt, wie türkische Folklore und internationale Chartstürmer in den Clubs. Junge, kreative und aufstrebende Künstler – ob Musiker, Schauspieler, bildende Künstler oder Modeschöpfer – sind schon vor langem eine Verbindung mit Westeuropa eingegangen, ohne dabei die eigenen Wurzeln aufgegeben zu haben, und können gewissermaßen als Botschafter der Kultur(haupt)stadt gelten. Die räumliche Trennung zwischen Asien und Europa wurde in Istanbul ohnehin schon längst überwunden; geradezu symbolischen Charakter hat hierfür die 1. Bosporusbrücke (türk. *1. Boğaz Köprüsü*), die als eine Meisterleistung architektonischer Kunst seit 1973 den Bosporus überspannt und täglich von ungefähr 180 000 Fahrzeugen passiert wird.

# Hippodrom

## Von Sport und Politik

In den Gassen widerschallender Hufschlag, ohrenbetäubendes Getöse hölzerner Wagen, begeisterte »Bravo-Rufe« und tobender Beifall – so muss es einst geklungen haben, wenn die Gespanne der Rennparteien zur Unterhaltung der Bevölkerung an den Rängen des hufeisenförmigen, im Türkischen *At Meydanı* (»Pferderennbahn«, griech. *hippódromos*) genannten Platzes vorbeidonnerten und um Sieg und Ehre kämpften. Diesen großen Hippodrom stiftete Kaiser Septimius Severus (193–211 n. Chr.) neben zahlreichen weiteren Bauten im Rahmen der neuen Stadtplanung nach der Belagerung Byzantions. Was für die Bürger Roms der Circus Maximus war, war für die Einwohner von Byzanz die neue Stiftung außerhalb der antiken Stadt, die auf der Landspitze lag, welche das heutige Serail einnimmt. Für den Bau dieser Anlage, mit der das Volk bei Laune gehalten werden sollte, musste das in einem Tal auslaufende Gelände zunächst aufwendig terrassiert werden, wovon heute noch die großen Bögen am abschüssigen Grund zeugen. Nach dem Tode des Kaisers sollte die Anlage zwar zunächst unvollendet bleiben, ist aber dennoch heute das einzige noch sichtbare Zeugnis seiner Bautätigkeit.

Wo einst die Gespanne der Rennparteien um die schnellsten Runden wetteiferten, geht es heute bei einer Rundfahrt deutlich beschaulicher zu.

Im Zuge der konstantinischen Neugründung der Stadt wurde der Hippodrom dann erweitert und schließlich fertig gestellt. Am 11. Mai 330 fanden hier die Gründungsfeierlichkeiten der neuen Hauptstadt statt. Die Rennbahn war eingefasst von zweistöckigen Tribünenbauten, die sich auf gewaltigen Substruktionen mit 25 Kammern und Tonnengewölben erhob und ca. 15 bis 20 Sitzreihen hatte. Die Schätzungen über das Fassungsvermögen an Zuschauern gehen aufgrund verschiedener Befundinterpretationen weit auseinander; sie differieren zwischen 50 000 und 150 000. Entlang der sich über 400 m erstreckenden Längsseiten befanden sich Wandelhallen mit Geschäften und Lokalen, wo man sich verköstigen lassen konnte und der neueste Klatsch und Tratsch die Runde machte. Unter dem großen Halbrund am Südwestende, der Sphendone (»Wölbung«), lagen die Stallungen und Remisen für die Wagen. In der Mitte der Rennbahn, die etwa 3,50 m unter dem heutigen Geländeniveau lag, bildete die Spina zwischen den Wendepunkten eine bauliche Begrenzung der beiden Bahnhälften, denen heute der äußere Straßenring folgt. Auf diesem etwa 390 m langen gemauerten Podest befanden sich einst verschiedene Siegesdenkmäler, von denen heute nur noch drei erhalten sind. Ein repräsentativer Torbau, die *porta triumphalis*, begrenzte im Nordosten den Hippodrom; hier befanden sich die Räume der Teilnehmer. Weitere Zugänge befanden sich an den Längsseiten. Auf dem Turm im Norden stand das »eherne Viergespann«, das im Zuge des Vierten Kreuzzugs nach Venedig gelangte und sich heute im Original im Museo Marciano befindet.

Zunächst ein Ort für Wagenrennen, Tierhatzen und Spiele, entwickelte sich der Hippodrom seit dem 4. Jh. mehr und mehr auch zu einem politischen Forum und wurde ein Zentrum des öffentlichen Lebens. Aus den Rennparteien, die farblich benannt waren und mit denen sich die Zuschauer in hohem Maße identifizierten, entstanden allmählich auch politische Gruppierungen. So bekannte man sich zur blauen oder zur grünen Mannschaft, was etwa mit »konservativ« oder »reformfreudig« gleichgesetzt wurde, oder zu den Weißen bzw. Roten. Dies führte nicht zuletzt dazu, dass der Sieg einer bestimmten Mannschaft durchaus politische Folgen mit sich bringen und letztendlich bis zum Thronverlust des Kaisers führen konnte. So nahmen im Folgenden auch Revolutionen auf den Tribünen des Hippodroms ihren Anfang.

Eines der folgenschwersten Ereignisse fand 532 statt: Durch die Unterdrückung eines Aufstands erhoben die Blauen und die Grünen gemeinsam den nach ihrer Parole *»Nika!«* (»Siege!«) benannten Nika-Aufstand. Die Forderung galt Justinian, der seine beiden engsten Berater entlassen sollte. Obgleich er dieser entsprach, legten sich die Unruhen nicht und ein großer Teil der Stadt wurde daraufhin in Brand gesteckt.

Anhänger des zum Gegenkaiser ausgerufen Flavius Hypatios, die sich im Hippodrom versammelten, ließ Justinian I. durch seine Truppen an Ort und Stelle niedermetzeln. 30 000 Tote sollen den Berichten zufolge die Wettkampfstätte bedeckt haben. Nachdem der Aufstand niedergeworfen war, wurden die entstandenen großen Schäden behoben sowie das anschließende Kathisma-Palais und der in Teilen zerstörte Stufenbau wiederhergestellt. Für einige Jahre sollten daraufhin die Spiele ruhen.

## Niedergang und Zerstörung

Wie zahlreiche andere Bauten blieb auch der Hippodrom nicht vor mehrfacher Zerstörung bewahrt. Im Jahre 406 ruinierte vermutlich ein Brand die Sitze, die Kaiser Arcadius (395–408) wieder ausbessern ließ. An der Wende zum 6. Jh. wurde die Anlage wiederholt stark beschädigt, und 507 kamen die tragenden Gewölbekonstruktionen zum Einsturz. Mitte des 6. Jhs. wurde die Sphendone durch ein Erdbeben stark beschädigt, und die Gewölbe mussten durch Hilfskonstruktionen stabilisiert werden. Zudem wurden nun die Öffnungen an den Gewölben zugemauert und die dabei entstandenen Kammern als Zisterne genutzt.

Wenngleich im 12. Jh. die Wagenrennen sich nicht mehr der Beliebtheit früherer Tage erfreuten, wurde der Hippodrom weiterhin – wie auch für andere Zwecke – genutzt. Der Zustand der Anlage war allerdings inzwischen deutlich he-

Im 6. Jh. wurden die Mauerdurchbrüche des mächtigen Gewölbes zugemauert.

runtergekommen, so dass z. B. Zuschauer während eines Wagenrennens durch herabstürzende Bauteile getötet wurden.

Als die fränkischen Eroberer 1203/1204 die Stadt in Brand steckten, wurden auch große Teile der westlichen Tribüne zerstört. In der Zeit danach wandelte sich die Nutzung des Hippodroms, weg von den Wagenrennen hin zu Turnieren. Gegen Ende des Jahrhunderts verlor die Anlage als Versammlungsort an Bedeutung, und Turniere fanden nur noch gelegentlich statt, wobei aber dennoch einzelne bauliche Veränderungen feststellbar sind, wie etwa Umbauten zur Einrichtung einer Tribüne für die Damen des Hofs.

Entgegen seiner ursprünglichen Bestimmung fanden im Hippodrom auch die Hochzeitsfeiern und Beschneidungsfeiern des Hauses Osman statt, die 40 Tage und 40 Nächte dauerten, und er diente Familien, die Erdbeben, Bränden oder anderen Katastrophen entkommen waren, als Notunterkunft. Ebenso schlugen hier Flüchtlingstrecks aus Rumelin ihr Lager auf, bevor ihnen Unterkünfte zugewiesen wurden.

Trotz aller Höhen und Tiefen, die dieser Ort über all die Jahrhunderte hinweg erfahren hatte, galt er stets als Zentrum der Stadt. Daher finden sich Bauwerke nahezu aller Epochen in unmittelbarer Umgebung. Heute flanieren Touristen über den zur Parkanlage umgestalteten Platz und beginnen häufig von hier aus ihre Besichtigungstouren, wodurch ihm im übertragenen Sinne erneut die Bedeutung zukommt, die er über viele Jahrhunderte hinweg innehatte: Herz der Stadt.

Mit seinen Ruheplätzen, Cafés und Restaurants gehört der *At Meydanı* heute zu einem der wichtigsten touristischen Anlaufstellen stanbuls.

# Konstantinssäule

## Der goldene Kaiser

Als nicht zu übersehendes Zeichen der Macht ließ Konstantin der Große im Jahr 328 inmitten des *forum Constantini* mit der Konstantinssäule (türk. *Çemberlitaş*), auch »verbrannte« oder »umgürtete« Säule genannt, seine bedeutendste Denkmalsäule aufstellen. Sie ist eines der Denkmäler der Stadt, das seit Jahrhunderten von Legenden und Sagen umrankt ist, wodurch von ihr, trotz ihres schlechten Erhaltungszustands, ein besonderer Reiz ausgeht. Die ursprüngliche Höhe dürfte bei insgesamt etwa 50 m gelegen haben, von denen heute noch knapp 35 m übrig geblieben sind. Sie erhob sich einst auf einem rechteckigen Sockel aus Marmor, der wiederum auf einem fünfstufigen Unterbau und einem dem Kaiser geweihtem Sanktuarium stand. Gekrönt war sie mit einem (wohl goldenen) Standbild des Kaisers, der in Gestalt des Sonnengottes Helios den Platz von hoch oben weithin beherrschte. Der fünfstufige Unterbau gründet unter dem heutigen Bodenniveau, das sich hier um etwa 2,35 m vom antiken unterscheidet.

Der aus neun Säulentrommeln bestehende Teil des Monuments erforderte im Laufe der Jahrhunderte zahlreiche Sicherungsmaßnahmen, weswegen sich dem heutigen Betrachter die ehemalige Wirkung kaum mehr erschließt. So wurde es wegen des verwitternden Porphyrs bereits unter Kaiser Theodosius II. im Jahre 418 notwendig, das Denkmal mit Eisenbändern und Manschetten zu stabilisieren, nach-

Im 18. Jh. wurde die Konstantinssäule im unteren Bereich mit einem stützenden Mantel ummauert.

dem aus einer der unteren Trommeln ein Stück herausgebrochen war. Bei mehreren Stadtbränden wurden das Forum und seine Denkmäler wiederholt in Mitleidenschaft gezogen. 480 kam es beim Kaiserstandbild zu Schäden, und bei einem Erdbeben 542 stürzten die Attribute des Helios herunter. Bei einem Unwetter im Jahre 1105 kamen die ganze Statue des Kaisers und mit ihr das Kapitell sowie drei der Säulentrommeln zu Fall, wobei mehrere Menschen, die sich in unmittelbarer Nähe der Säule aufhielten, durch die herabstürzenden Teile erschlagen wurden. Doch war damit das Ende der gewaltigen Porphyrsäule längst nicht besiegelt. Unter Manuel Komnenos (1143–1180) erhielt sie Mitte des 12. Jhs. ein neues, im korinthischen Stil gestaltetes Kapitell, das nun anstelle der Kaiserstatue ein Kreuz trug. Noch einmal wurde das Denkmal 1515, dieses Mal durch einen Brand, stark beschädigt, woraufhin es mit eiserne Reifen, die die ramponierten Säulentrommeln zusammenhalten sollten, gesichert wurde, wovon sich der türkische Name *Çemberlitaş* (»umgürtete Säule«) ableitet. Wann diese Maßnahme erfolgte, ist zwar nicht sicher belegt, doch berichten Reisende bereits Mitte des 16. Jhs. von dieser Besonderheit.

Bei einem Erdbeben 1648 sowie bei Stadtbränden 1652 und 1660 litt das schon so oft restaurierte Monument erneut erheblich, und so ließ Sultan Mustafa II. (1695–1703) Anfang des 18. Jhs. den unteren Teil bis zu einer Höhe von fast 11 m mit einem Steinmauerwerk rundherum stabilisieren.

Um das Sanktuarium rankt sich die Legende, dass Kaiser Konstantin bei dessen Errichtung persönlich Reliquien vermauert haben soll, darunter etwa das Palladium der Athena, das der Sage nach Aeneas aus Troia nach Rom gebracht hatte. Es hieß, die Stadt, in der das Palladium sei, sei nicht zu zerstören. Hier zeigt sich erneut, wie sich der abergläubische Kaiser – da das Christentum noch nicht fest verankert war – gerne nach allen Seiten hin absicherte. Außerdem sollen sich die Axt, mit der das Holz für die Arche Noah geschlagen wurde, das Salbgefäß der Maria Magdalena, aus dem sie Jesus salbte, die Brotkörbe der wunderbaren Brotvermehrung, der Stein aus dem für Moses und Aaron Wasser sprudelte, und nicht zuletzt ein Teil des Kreuzes Christi im Sanktuarium befinden. All diese Stücke soll Helena, die Mutter Konstantins, im Jahre 324 aus Jerusalem mitgebracht haben. Dass diese Legenden nicht nur bei den Bürgern auf fruchtbaren Boden fielen, zeigten archäologische Untersuchungen 1929/30. Man stellte fest, dass nach der Restaurierung von 1909 vermutlich zwischen 1918 und 1923 Raubgräber (angeblich Abgesandte des Vatikans) auf der Suche nach den Reliquien einen Tunnel aus einem angemieteten Zimmer eines Nachbargebäudes direkt bis unter die Säule getrieben hatten, doch waren sie, als dies auffiel, noch vor Abschluss ihrer »Arbeit« außer Landes verwiesen worden.

Wie es bei den meisten Legenden der Fall ist, so scheint auch bei dieser zumindest ein wahrer Kern vorhanden zu sein. Bei Restaurierungsarbeiten bis 2007 haben Schallwellenmessungen im Sockel der Säule einen kuppelförmigen Hohlraum festgestellt, in dem z. B. auch Reliquien liegen könnten. Um diese Frage letztendlich zu klären, müsste jedoch die Säule in stärkerem Umfang beschädigt werden – und vielleicht sind ja auch Legenden nicht nur unterhaltsam, sondern, wie ein Denkmal selbst, durchaus auch erhaltenswert …

# Schlangensäule

## Dem Apollon geweiht

Verwundert verharrt so mancher Besucher Istanbuls heute vor einer auf den ersten Blick äußerst eigenwilligen Säule, die sich aus der Tiefe emporzuwinden scheint. Hierbei handelt es sich um die sog. Schlangensäule (türk. *Burmalı Sütün*). Nach dem Sieg der Griechen unter Pausanias über die Perser in der Schlacht von Platäa (479 v. Chr.) stifteten 31 griechische Städte vom Zehnten ihrer Beute dem Apollon von Delphi eine bronzene Säule, die die Form dreier ineinandergeschlungener Schlangen hatte. Im unteren Bereich, wo die Windungen der Schlangenkörper horizontaler verlaufen als weiter oben, findet man die Namen der teilnehmenden Städte. Gemäß der Überlieferung soll sie aus den eingeschmolzenen Schilden der gefallenen persischen Soldaten gegossen worden sein.

Die Schlangensäule war ursprünglich vor dem Apollontempel in Delphi aufgestellt gewesen und gelangte erst zur Zeit Konstantins nach Konstantinopel und zwar, so eine von Ibn-i-Kemal (1468–1534) aufgezeichnete Legende, als Mittel gegen die große Schlangenplage. Zuvor, so seine weiteren Ausführungen, sei es unmöglich gewesen, sich der Giftschlangen wegen auf dem Platz unbeschadet zu bewegen. Doch nachdem die Säule, die »nach einem absonderlichen Entwurf hergestellt worden war«, ihren neuen Platz auf dem Hippodrom einnahm, »wichen alle Schlangen von diesem Ort / Die, die blieben, richteten keinen Schaden an«. In einem anderen Bericht heißt es, dass man in der ganzen Stadt nach der Installation des Denkmals keine Schlangen zu Gesicht bekam – zumindest solange sie noch nicht beschädigt worden war.

Der tatsächliche Grund für die Überführung des Denkmals nach Konstantinopel dürfte jedoch ein anderer gewesen sein. Möglicherweise sollte, so wie dies in der Römischen Kaiserzeit öfters zu beobachten ist, ein historischer Bezug bzw. eine Kontinuität in der eigenen Vergangenheitsdarstellung hergestellt werden – in diesem Fall bezüglich der Abwehr der Perser und der zahlreichen Auseinandersetzungen mit den »Neupersern«, den Sassaniden.

In ihrem ursprünglichen Zustand trug die Säule auf den Köpfen der Schlangen einen goldenen Dreifuß, auf dem eine ca. 3 m hohe, ebenfalls goldene Vase stand. Erhalten ist nur noch der knapp 5,50 m hohe Mittelteil mit den Schlangenkörpern. Dreifuß und Vase fehlten bereits, als sie im Hippodrom aufgestellt wurde; nach Pausanias fielen sie den phokischen Plünderungen des Heiligtums zum Opfer. Die Köpfe der Schlangen wurden vermutlich während Plünderungen im 17. Jh. abgeschlagen, wobei im 19. Jh. ein Exemplar vor der Hagia Sophia wiederentdeckt wurde.

Dass ein Denkmal, wie es eigentümlicher kaum sein könnte, schon immer größte Aufmerksamkeit auf sich zog und sich um dieses die unterschiedlichsten Legenden ranken, liegt auf der Hand. In den osmanischen Gründungslegenden etwa wird die Schlangensäule wesentlich öfter genannt als alle übrigen Denkmäler, die im Hippodrom ihren Platz fanden. So ist z. B. eine Darstellung auf einer Miniatur im *Hünernâme* (Buch der Heldengedichte, gegen Ende des 16. Jhs.) äußerst beliebt: Mehmet II. traf mit seiner sechsblätterigen Wurfkeule einen Schlangenkopf, der durch die Wucht abgeschlagen wurde und zu Boden fiel. Doch nicht auf ihn alleine fällt der Verdacht der »Denkmälerschändung«. Der Schriftsteller Evliya Çelebi (1611 bis nach 1683) z. B. gab hierfür Selim II. die Schuld, wohingegen Mustafa Ali um 1600 für die Zerstörung Ibrahim Paşa verantwortlich machte. Von einer gänzlich anderen Begebenheit erzählt uns der Chronist Silihdar Fındıklılı Mehmed Ağa (1658–1723): Am achten Tag im Jahre 1700, zur Zeit des Abendgebets, brachen mit einem lauten Krach, als knicke ein Baumstamm um, alle drei Schlangenköpfe der bis dahin die Zeit unversehrt überstanden habenden Säule am Hals ab und stürzten zu Boden, angeblich ohne jede Fremdeinwirkung.

Bei all den zum Teil abenteuerlich anmutenden Spekulationen scheint zumindest eines sicher: Heute sind in Istanbul nur noch höchst selten Schlangen anzutreffen …

Als würden sich bronzene Schlangen aus der Tiefe emporwinden: Das Bodenniveau lag in der Antike an dieser Stelle etwas mehr als zwei Meter unter dem heutigen.

# Valens-Aquädukt

## Wasser in zwei Stockwerken

Wer heute in einem der zahlreichen Luxushotels von Istanbul weilt, wird sich kaum mehr die Frage stellen, woher das Wasser beim Duschen kommt. Die hydrogeologischen Bedingungen machten schon in der Antike den Bau von technisch aufwendigen Fernwasserleitungen nötig. Ein im Stadtbild auffallender Beleg hierfür ist ein imposantes Monument,

das zwischen dem dritten und vierten Stadthügel auf der Länge von einem Kilometer das Tal überspannt – der Valens-Aquädukt. Diesen bis zu 29 m hohen Aquädukt aus grob behauenen Quadern ließ Kaiser Valens in den Jahren von 368 bis 373 errichten. Im Türkischen wird er als »Bogen des grauen Falkens« (*Bozdoğan Kemeri*) bezeichnet. Er bildete einst die Verlängerung einer streckenweise unterirdischen, mehrere Kilometer langen Wasserleitung. Das Wasser, mit dem die Stadt versorgt wurde und das als das beste galt, stammte von den Höhen auf der Wasserscheide zwischen dem Marmarameer und dem Goldenen Horn und wurde auf dem zum Teil zweistöckigen Aquädukt durch zwei Kanäle in eine große Brunnenanlage am *forum tauri* geführt. Von dort aus, am heutigen Universitätsplatz, wurde es über weitere Leitungen verteilt. Während es unter Justinian I. wohl zu Versorgungsengpässen gekommen war, ohne dass sich der Kaiser um die Reparatur der Aquädukte gekümmert hätte, wurde der Valens-Aquädukt unter Justin II. (565–578) im Jahre 576 repariert, nachdem er vermutlich bei einem Erdbeben beschädigt worden war. Bei der Belagerung durch die Awaren 626 wurde ein Teil des Zuleitungsnetzes zerstört und damit die Wasserzufuhr unterbrochen. Die Bedeutung dieses Bauwerks zeigt sich darin, dass sich sowohl die nachfolgenden Kaiser als auch später die Sultane der Instandhaltung annahmen. In osmanischer Zeit diente der Valens-Aquädukt fast nur noch dazu, den Eski-Palast und den Topkapı-Palast mit Frischwasser zu versorgen, während die einfachen Häuser Zisternen besaßen, um Regenwasser zu sammeln. Im 16. Jh. erweiterten die Sultane Beyazıt II. (1481–1512) und Süleyman I. (1495–1566) das Versorgungsnetz und ließen auch Reparaturen am Aquädukt ausführen. Durch seinen guten Erhaltungszustand (immerhin stehen noch ca. 80 Prozent des spätantiken Bauwerks) ist der Aquädukt eines der auffälligsten Bauwerke im Stadtgebiet.

Der »Bogen des grauen Falken« spannt sich weit über das Tal, durch das heute der Atatürk Boulevard führt.

# Ägyptischer Obelisk

## Souvenir vom Nil

Öffnet man nach der Heimreise den Koffer eines Türkeiurlaubers, so findet man mit großer Wahrscheinlichkeit Souvenirs aus dem Bereich des Kunsthandwerks, Gewürze oder eine Lederjacke mit »mindestens 100 Jahren Garantie«. Doch dass Erinnerungsstücke auch einige Nummern größer ausfallen können, zeigt ein den Hippodrom heute dominierendes und zugleich Istanbuls wohl ältestes Denkmal – der ägyptische Obelisk (türk. *Dikiltaş*). Er stammt aus dem 15. Jh. v. Chr. und stand ursprünglich jenseits des Mittelmeeres in Karnak, wo ihn Pharao Thutmosis III. (1479–1425 v. Chr.) anlässlich seiner Überquerung des Euphrat im Areal des Amun-Re-Tempels hatte aufrichten lassen. Der annähernd 20 m hohe Monolith besteht aus rötlichem Granit und trägt ägyptische Schriftzeichen auf allen vier Seiten: die Namen des thebanischen Reichsgottes Amun sowie des Pharaos. Auf die Spina des Hippodroms wurde er während der Regierungszeit Kaiser Theodosius' I. versetzt. Der Stadtpräfekt Proculus ließ ihn als Monument seines Triumphes über Maximus und Victor im Jahre 390 auf einen marmornen, mit Reliefs verzierten zweistufigen Unterbau stellen. Für den Transport nach Konstantinopel musste das gigantische Souvenir zunächst zerschnitten werden, so dass dann nur noch der obere Teil aufgerichtet wurde. Auf dem Marmorblock, der die neue Basis des zu Stein gewordenen Sonnenstrahls – so seine ursprüngliche Bedeutung – trägt, sind der Kaiser und Angehörige seiner Familie in der Loge des Hippodroms zu sehen. Der Kaiser wird in verschiedenen Posen dargestellt: wie er die Aufstellung des Obelisken verfolgt, als Zuschauer eines Wettrennens, bei der Verleihung des Siegerkranzes und wie ihm von Besiegten gehuldigt wird.

Mit diesem gleichsam eleganten wie für das architektonische Umfeld fremdartigen Monolith haben sich schon früh nicht nur Historiker und Archäologen beschäftigt. Gelehrte, Chronisten oder Schriftsteller, so z. B. im 17. Jh. Evliya Çelebi, der sich mit 16 Talismanen der Stadt auseinandersetzte, wussten Erstaunliches zu berichten. Eine Chronik aus dem 15. Jh. beschreibt detailliert eine hervorzuhebende Besonderheit, die sich heute mancher im Feilschen ungeübte Tourist wünschen würde: Am Fuß des Obelisken soll eine kupferne Hand angebracht worden sein, zu der Händler geführt wurden, die Waren in der Stadt verkaufen wollten. Das Geld für die Ware wurde in die Hand gezählt, die sich, sobald der angemessene Preis erreicht war, ungeachtet ob niedrig oder hoch, selbständig schloss. Ein enttäuschter anatolischer Pferdehändler geriet ob des, seiner Ansicht nach bei weitem zu geringen, Preises jedoch in Wut und begann mit seinem Stock um sich zu schlagen und zertrümmerte die Hand. Daraufhin wurde er ergriffen und ihm wurde der Kopf abgeschlagen; kaum zwei Tage später starb sein Pferd, und die Haut des Tieres wechselte den Besitzer für genau die Summe, die die Hand zwei Tage zuvor für angemessen erachtet hatte.

Demnach bleibt dem kauffreudigen Besucher heute nur noch eines: sich weiterhin im Feilschen zu üben …

Das Relief auf der Südseite des Sockels stellt Kaiser Theodosius . mit Gattin und den beiden Söhnen als Zuschauer der Wettspiele im Hippodrom dar.

Gemauerter Obelisk

# Ein Denkmal für den Großvater

Von den Denkmälern, die einst auf der Spina des Hippodroms standen, haben drei die wechselhafte Geschichte der Stadt überdauert. Hierzu gehört der 32 m hohe gemauerte Obelisk (türk. *Örmetaş*) am Südwestende der Rennbahn.

Nach dem 4. Kreuzzug 1204 blieb von dem einst mit Bronzeplatten verkleideten Obelisken nur noch die steinerne Unterkonstruktion übrig.

Ähnelt er in seiner Form auch dem ägyptischen Obelisken, so erscheint er als ein aus einzelnen Kalksteinquadern zusammengesetztes Monument jedoch geradezu bescheiden gegenüber dem majestätisch aufragenden Monolith. Doch trügt der heutige Zustand, da wir lediglich die Unterkonstruktion eines sicherlich ebenfalls beeindruckenden Denkmals vor uns sehen. Vermutlich wurde er in spätrömischer Zeit, vielleicht Ende des 4. Jhs., errichtet. Den Abschluss bildete eine zapfenförmige Bronzespitze, die aber im Jahr 869 bei einem Erdbeben herunterstürzte.

Kaiser Konstantin VII. Porphyrogennetos (913–959) ließ den Obelisk, so eine Inschrift auf der östlichen Seite des Sockels, zu Ehren seines Großvaters Basileios' I. wieder ausbessern und mit vergoldeten Bronzeplatten verkleiden, auf denen Basileios in heroischer Weise dargestellt war und seine Taten gerühmt wurden; als herausragende Symbole kaiserlicher Herrschaft verliehen die beiden Obelisken auf dem Hippodrom – hier golden glänzend, dort rötlich leuchtend – den Spielen oder Versammlungen einen würdigen Rahmen.

Erkennbar sind heute nur noch die Löcher im Stein, in denen einst die Platten verankert waren, die während des 4. Kreuzzuges 1204 von den Venezianern geraubt wurden.

# Magnaura

## Empfangssaal des Kaisers

Während man bei einem Herrscherpalast geneigt ist, an ein einzelnes, durchaus repräsentatives Gebäude zu denken, so bezeichnet der »Große Palast« in Konstantinopel ein ganzes Areal mit einer Ausdehnung von etwa 100 000 m² und einer Vielzahl von Einzelkomponenten, die in Baugruppen hintereinanderlagen und sich vom Marmarameer bis hinauf zum Hippodrom verteilten. Von der Reichsverwaltung über die Münzprägestätte bis hin zum Gefängnis waren hier die unterschiedlichsten Institutionen untergebracht. Errichtet wurde der Palastkomplex von Konstantin I. im 4. Jh. auf einem Gelände, das vermutlich bereits mit einzelnen Villen bebaut war.

Eine besondere Bedeutung im höfischen Zeremoniell kam der heute rekonstruierten *Magnaura* zu. Als Statussymbol oder gewissermaßen als »manieristisches Spielzeug« stand in diesem Empfangssaal, den man sich wohl als großen dreischiffigen Hallenbau vorstellen darf, in erhöhter Position ein hydraulisch zu hebender Thron, umgeben von Löwen und Vögeln, die mittels Mechanik brüllen bzw. zwitschern konnten. Der Überlieferung zufolge gelangte man vom Eingangsbereich zur *Magnaura* über eine Allee, die direkt zum Hauptportal an der Westseite führte.

Bis ins 10. Jh. hinein wurde der Palastkomplex stetig in Richtung Westen erweitert; im 11. und 12. Jh. erhielt er nur noch einzelne neue Bauglieder, wobei bereits ältere zum Teil nicht mehr genutzt wurden und verfielen. Ab der zweiten Hälfte des 13. Jhs. scheint er seine Funktion verloren zu haben. Durch schriftliche Quellen gehört der Kaiserpalast zu den am besten bekannten Anlagen Konstantinopels, wenngleich er aufgrund der modernen Bebauung archäologisch von einzelnen Mauerzügen, die v. a. Ende des 19./Anfang des 20. Jhs. untersucht wurden, lange Zeit praktisch kaum mehr fassbar war. Erst archäologische Ausgrabungen, die auf einem ehemaligen Militärgelände seit 1997 stattfinden, konnten bisher einige Gewölbesäle, Bäder, Fresken und Überreste einer Kirche zutagebringen.

Zwischen der Häuserzeile mutet die rekonstruierte Magnaura wie ein moderner Rohbau an.

# Theodosianische Landmauer

## Ein Bollwerk vergrößert die Stadt

Bereits in prähistorischer Zeit entstand das Bedürfnis, sich vor Angriffen von außen durch entsprechende bauliche Maßnahmen zu schützen. Im Laufe der Antike wurde diesem Schutzbedürfnis durch Zäune, Gräben, Wälle oder Mauern Rechnung getragen. Bis ins Mittelalter hinein fertigte man immer ausgefeiltere, oft massive Verteidigungssysteme, wovon die Theodosianische Landmauer in Istanbul (türk. *İstanbul Surları*) sicherlich eine der heute noch beeindruckendsten Anlagen ist. Unter Kaiser Theodosius II. und dem Prätorianer-Präfekten Anthemius wurde der schnell wachsenden Stadt im Westen, in etwa 1,5 Kilometern Entfernung von der konstantinischen Mauer, eine neue Landmauer zum Schutz gegen die »Barbaren« vorgelagert. Sie erstreckte sich über eine

Restaurierter Abschnitt der Theodosianischen Landmauer, der später Teil der Befestigung Yedikule wurde.

Länge von sechs Kilometern von Süden nach Norden, vom Marmarameer bis zu der bestehenden Befestigung des Vorortes Blachernai und ist Teil eines dreigliedrigen Verteidigungssystems bestehend aus Graben, Vormauer und Hauptmauer.

Die Theodosianische Landmauer wurde an das bestehende Befestigungssystems angebunden.

Hierdurch entstand ein etwa 60 m starkes Bollwerk, das die Stadt vor Angriffen schützte und durch ihre Anbindung an bestehende Mauersysteme Teil einer 20 Kilometer langen Befestigungsanlage war. Im durch die Verlagerung der Befestigung mehr als verdoppelten Stadtgebiet blieben auch über Jahrhunderte hinweg noch zahlreiche Freiflächen bestehen.

Nur schwer zu überwinden war der 20 m breite und bis zu etwa 8 m tiefe Graben, der in einzelnen Abschnitten unterteilt mit Wasser gefüllt werden konnte. In der heute sichtbaren gemauerten Form wurde er jedoch erst einige Jahrhunderte später erstellt. Zuvor bestand ein in den Fels bzw. anstehenden Boden gehauener Graben. Zwischen Graben und Hauptmauer verlaufen ein bis zu 17 m breiter Laufgang sowie die Vormauer mit einer Höhe von etwa 8 m und einer Stärke von gut 3 m. Im Inneren verbergen sich Kasematten für die Geschütze, und im Abstand von 50 bis 100 m wird die Mauer durch Türme gegliedert.

Nach einem weiteren Umgang erhebt sich massiv die 5 m starke Hauptmauer 12 m in die Höhe. In regelmäßigen Abständen von gut 70 m ist sie mit Türmen versehen, 96 an der Zahl, die auf Lücke zu den Türmen der Vormauer angeordnet sind. Teilweise mit einer fast quadratischen Grundfläche von ca. 10 m Seitenlänge, teilweise mit oktogonalem Grundriss und einer Höhe von etwa 20 m mussten sie wohl jeden Angreifer beeindrucken. Das Mauerwerk besteht aus Kleinquadern, horizontal gegliedert durch fünfschichtige Ziegelbänder. Neben verschiedenen Ausfallpforten, die sich an den Turmflanken befinden, führten vier kleinere und sieben Hauptportale aus der Stadt, gesichert durch entsprechende Vortore in der Vormauer.

In welcher Zeitspanne die Anlage errichtet wurde, lässt sich nicht mit Sicherheit sagen, zumindest scheint sie nicht ganz so schnell fertiggestellt worden zu sein, wie es von späteren Chronisten überliefert wurde. Begonnen wurde sie wohl schon vor 412, das 4. Haupttor, das Rhesiontor, war 413 bereits teilweise fertig, und die Nutzung der Türme durch die einstigen Grundbesitzer sowie deren Instandhaltungspflichten wurde noch im selben Jahr festgelegt. Spätestens im Jahre 422 war die Anlage fertiggestellt, zumindest weiß man, dass die Türme damals zur Unterbringung der Truppen dienten.

Im Winter 447 wurden Teile der Anlage zerstört (u. a. wurden 57 Türme in Mitleidenschaft gezogen) – jedoch nicht etwa durch Angriffe feindlicher Truppen, sondern durch mehrere starke Erdbeben, wie sie in dieser Region häufig auftreten. Da die Bedrohung durch die Hunnen unaufhaltsam schien, wurden unter Hinzuziehung der Stadtbevölkerung die Schäden an der Verteidigungsanlage binnen nur zwei Monaten behoben. Mitte des 6. Jhs. suchte die Gegend neuerlich ein großer Erdstoß heim und zerstörte einige Teile der Theodosianischen Mauer ebenso wie Teile der anderen Befestigungsanlagen; sie wurden auf Initiative Justins II. (565–578) daraufhin wiederhergestellt.

Zwar wurde die Anlage von mehreren Naturkatastrophen in Mitleidenschaft gezogen, doch sie konnte den zahlreichen feindlichen Angriffen stets trotzen; so im Jahre 626, als die Awaren mit Hilfe der persischen Sassaniden Konstantinopel belagerten, aber erfolgreich abgewehrt werden konnten. In der zweiten Hälfte des 7. bis Anfang des 8. Jhs. kam es zu mehreren kleineren arabischen Vorstößen gegen die Stadt, die jedoch (z. T. wohl auch aufgrund mancher Ausbaumaßnahme) allesamt abgewehrt werden konnten.

Durch Inschriften bezeugt sind Maßnahmen zur Wiederherstellung durch Leo III. (717–740) nach weiteren Erdbebenschäden, die 740 entstanden und nicht die letzten sein sollten. Um diese durchzuführen, wurde von ihm eigens eine neue Steuer eingeführt.

Nachdem in der zweiten Hälfte des 13. Jhs. der Kaiser Michael VIII. Palaiologos unmittelbar nach der Rückeroberung der Stadt die Zinnen erneuern ließ, wurden die großen Türme zur Lagerung von Getreide genutzt.

Reste der Theodosianischen Landmauer im Stadtteil Eyüp.

## Kein Geld für die Abwehr der Osmanen

In der ersten Hälfte des 15. Jhs. zeigte sich die Gefährdung der Stadt durch die kurze Belagerung Murads II. (1421–1451), dennoch waren notwendige Ausbesserungsarbeiten aufgrund der geringen Geldmittel nur in sehr bescheidenem Maße möglich. So beschränkten sich die Arbeiten im Wesentlichen auf die Reinigung des Grabens sowie weniger sorgfältig ausgeführte Reparaturen an der Vormauer. Gearbeitet wurde zwar an der Befestigung, aber bis zum Belagerungsbeginn 1453 teilweise unter Verwendung von Spolien, wie vermauerte Grabplatten deutlich machen. Trotz des über Jahrhunderte hinweg erfolgreich der Verteidigung dienenden Bollwerks wurde die Stadt nach Kanonenbeschuss durch Mehmed II. gestürmt, womit ein neuer Abschnitt in der Geschichte der Stadt begann. Nach dem Fall Konstantinopels wurde auf Anordnung des Sultans die komplette Mauer einer gründlichen Renovierung unterzogen.

Im gesamten Mauerverlauf kam es Anfang des 16. Jhs. zu erheblichen Zerstörungen, bei denen fast 50 Türme zum Einsturz kamen. Ursache waren – wieder einmal – schwere Erdbeben. Zur Renovierung wurden Truppen sowie etwa 8000 Fronarbeiter aus dem Reichsgebiet eingesetzt.

Im Laufe der folgenden Jahrzehnte scheint die Landmauer mehr und mehr vernachlässigt worden zu sein, bis sie 1635 nochmals diverse Reparaturen erfuhr und zum Einzug von Sultan Murad IV. (1623–1640) strahlend weiß getüncht wurde.

Ab dem 19. Jh. machten der Mauer nun ganz andere Bedrohungen zu schaffen: Einerseits vernachlässigte die Administration die Unterhaltung der Befestigung, andererseits machte sich die umliegende Bevölkerung daran, die Anlage als Steinbruch zu nutzen, um an Baumaterial zu gelangen. Dies sollte 1870 sogar dazu führen, dass erstmals ein systematischer Abbau zur Gewinnung von Baumaterial begann, der erst nach Einschreiten des Auslands beendet wurde. Dennoch schien das Ende dieses einmaligen militärhistorischen Monuments im frühen 20. Jh. besiegelt zu sein, als Pläne zum Abbruch der Landmauer diskutiert wurden, um eine große Ringstraße nach europäischem Vorbild zu bauen. Dies konnte jedoch glücklicherweise von türkischen und internationalen Archäologen verhindert werden.

Heute trennt die Theodosianische Landmauer die Altstadt mit ihren Stadtteilen Eminönü und Fâtih von der modernen Bebauung im Westen.

# Markiansäule

## Ehrenmahl und »Mädchenstein«

Eine der vier großen im heutigen Stadtbild noch gut auszumachenden Säulen Istanbuls, die namentlich zu benennen sind, ist die von den Türken »Mädchenstein« (*Kıztaşı*) genannte Markiansäule. Ursprung der türkischen Bezeichnung war allerdings eine Verwechslung mit einer anderen Säule, die in der Nähe stand und Mitte des 16. Jahrhunderts in einer Moschee verbaut wurde. Sie trug eine Venusstatue, die, so überlieferten es frühe Geschichtsschreiber, die wundersame Kraft hatte, bei vorübergehenden Frauen mit fragwürdiger Moral unter den Kleidern einen Wirbelwind zu platzieren, der diese in die Höhe wehte und die »Schändlichen« entblößte. Schon bald soll keine Frau mehr gewagt haben den Platz mit der Säule zu überqueren. Wann Beiname und Legende auf die Markiansäule übergegangen sind, lässt sich nicht feststellen, doch dürfte dies der Fall gewesen sein, nachdem man zwar noch die Erzählung kannte, die Säule jedoch bereits verbaut worden war. So ließ man dann in Zweifelsfällen die Markiansäule bei jungen Frauen entscheiden, ob bei ihnen eine »echte« oder »vorgetäuschte« Jungfräulichkeit vorlag …

Die etwa 17 m hohe Markiansäule war, bevor sie zum »Mädchenstein« wurde, zu Ehren des Kaisers Flavius Marcianus (450–457) durch den Stadtpräfekten Tatianus errichtet worden. Die Inschrift, die dies belegt, ist im Sockel als Negativ noch weitgehend erhalten. Tatianus wurde 450 zum Stadtpräfekten ernannt und als solcher letztmalig 452 erwähnt. Demnach dürfte die Säule wohl zwischen 450 und 452 entstanden sein, möglicherweise auch noch kurz danach. In welchem räumlichen Zusammenhang sie mit dem architektonischen Umfeld dieser Zeit stand, ist nicht mehr festzustellen. Anlass der Errichtung des Ehrenmahls war (anders als bei den vielen anderen, die auf das Vorbild der Trajans- oder der Markussäule in Rom zurückgehen) jedoch kein bestimmter Sieg auf einem Schlachtfeld; vielmehr sollte die Fähigkeit des Kaisers, die Stadt vor einem Angriff der gefürchteten Hunnen zu bewahren, gerühmt werden.

Das Piedestal, der Sockel der Säule, ist mit Reliefarbeiten geschmückt, wovon drei jeweils ein Rundschild mit Christusmonogramm zeigen und auf einer, der nach Norden weisenden, zwei Victorien einen Schild halten, über dem die ursprünglich mit Bronzelettern eingelassene Inschrift prangte, wovon noch die Bettungen zeugen. Die beiden Victorien sind heute leider stark beschädigt und lassen nur noch schwach die stürmische Bewegung der Figuren erkennen. Das ebenso nur noch in Teilen erhaltene korinthische Kapitell auf der monolithischen Rosengranitsäule trägt einen Block, der an den Ecken mit aufrecht stehenden, die Flügel weit ausbreitenden Adlerfiguren geschmückt ist. Auf diesem liegt ein weiterer Block, der wohl einmal die Basis einer heute nicht mehr vorhandenen Statue war.

Dass der Platz, auf dem die Markiansäule steht, heute meist menschenleer ist, liegt wohl eher an der Lage abseits der Touristenpfade als an der Furcht vor Bloßstellung.

# Imrahor-Moschee

## Des Oberstallmeisters Moschee

Als würden Kulissen eines längst gedrehten Films in irgendeinem der großen Filmstudios darauf warten, endlich abgebaut zu werden, erheben sich die imposanten Außenmauern der Imrahor-Moschee und lassen auf den ersten Blick kaum erahnen, dass es sich hierbei einst um die Kirche eines der bedeutendsten Klöster Konstantinopels handelte. Die aus Bruch- und Ziegelsteinen bestehenden Reste gehören heute zu einer der ältesten in Teilen noch erhaltenen byzantinischen Anlagen der Stadt.

Etwa 453 begann man auf einem Gelände, das in der Nähe der Porta Aurea, des mächtigen Stadttors der Theodosianischen Landmauer, lag und bereits mit einem Kloster besetzt war, mit dem Bau einer Johannes dem Täufer ge-

Als hätte man sie vergessen, zeugen die freistehenden Außenmauern der mrahor-Moschee von einer glanzvolleren Zeit.

weihten Kirche. Der Grundstein der dreischiffigen Basilika mit dreiteiligem Narthex und polygonaler Apsis wurde auf einem vom späteren Konsul Patricius Studios gestifteten Gelände gelegt. Während des Bilderstreits und der Ikonoklasten-Verfolgung durch Konstantin V. mussten die Mönche zwar die Klosteranlage verlassen, doch blieb das Kloster weiterhin bestehen und war sogar beim 7. ökumenischen Konzil von Nikäa im Jahre 787 durch seinen Abt Sabbas vertreten.

Seine herausragende Bedeutung erlangte es in den ersten Jahren des 9. Jhs. unter Abt Theodoros Studites (798–826), der aus einer vornehmen bilderfreundlichen Familie kam und zum einflussreichsten Theologen und Klostervorsteher während der Zeit des Bilderstreits wurde. Seinen Beinamen Studites erhielt er, als er zum Abt des Studios-Klosters wurde. Während dieser Zeit beherbergte das Kloster über 700 Mönche (die sog. *studites*). Der äußerst streitlustige Abt nahm eine zentrale Stellung sowohl im theologischen als auch oppositionell im öffentlich-politischen Dasein ein. Bemerkenswert ist hierbei, dass unter ihm im Kloster eine umfangreiche Dekoration inklusive Heiligenzyklus entstand. Sein Mönchsideal war darüber hinaus Vorbild für viele Orden und sollte das Mönchstum bis nach Russland hinein prägen. Doch seine kritische Haltung gegenüber der weltlichen Macht führte ihn dreimal in Exil. So wurde er auch 818 durch Leo V. (813–820) verbannt, und zahlreiche seiner Anhänger mussten flüchten oder fanden durch Hinrichtung den Tod. In der Zeit des Theodoros Studites gehörten zum Kloster auch eine Schreibschule, eine Bibliothek sowie ein Xenodochium (Fremdenherberge) und es erlangte als Zentrum kirchlicher Wissenschaft für die Herstellung von Handschriften und Ikonen für längere Zeit große Bedeutung.

Im 11. Jh. wurde das Kloster auch zum Rückzugsort für entmachtete Kaiser; so verbrachte Kaiser Isaak I. Komnenos (1057–1059) ebenso wie Michael VII. Dukas (1071–1078) hier seine letzten Tage. Im 13. Jh. verfiel das Kloster allmählich, und die Mönche verließen während der fränkischen Besetzung den Ort, bis Konstantin Palaiologos (1448–1453) Kloster und Kirche renovieren und eine Mauer um die Anlage errichten ließ. Durch seinen umfangreichen Reliquienbesitz – das Kloster erhielt u. a. im 10. Jh. das (vermeintliche) Haupt Johannes des Täufers – wurde es zu einer viel besuchten Pilgerstätte und erneut bedeutendstes Kloster der Stadt.

Das Ende schien ihm nach 1453 beschieden, als es nach der Eroberung Konstantinopels geschlossen wurde und seine Gemäuer Anfang des 16. Jhs. als Steinbruch für den Bau eines Pavillons im Topkapı-Palast dienten. In dieser Zeit wurde die Kirche, wie zahlreiche andere Gotteshäuser, in eine Moschee umgewandelt. Hierfür war der Oberstallmeister (*İmrahor*) des Sultans Beyazıt II. verantwortlich. Nach verschiedenen notwendig gewordenen Renovierungsarbeiten beschädigte ein Erdbeben im Jahre 1894 den Bau erheblich, woraufhin keine größeren Ausbesserungsmaßnahmen mehr stattfanden.

Endgültig zerstört wurde die Moschee bei einem Brand 1920, und die Reste blieben sich selbst überlassen. Die zum Stiftungskomplex gehörenden Bauten verschwanden Stück für Stück unter moderner Bebauung, doch die Ruine der Moschee fiel in einen Dornröschenschlaf.

Yerebatan Sarayı

# Ein versunkener Palast?

Aus dunkelgrün schimmerndem Wasser ragen Marmor- und Granitsäulen empor, Licht und Schatten wirken im Wechselspiel auf der Oberfläche und die Säulen scheinen im Spiegelbild endlos in die Tiefe zu gehen. Gedämpfte Klassische Musik lässt einen vergessen, dass man noch Minuten zuvor und 52 steinerne Stufen höher mitten auf einem der belebtesten Plätze Istanbuls nahe der Hagia Sophia stand. So verzaubernd die große über Holzstege zur Besichtigung erschlossene Halle heute auf die Besucher wirkt, so profan, aber von großer Bedeutung, war der Grund ihrer Errichtung: Als Zisterne war sie lange Zeit Teil des städtischen Wasserversorgungssystems.

Dieser größte begehbare Wasserspeicher der Stadt misst 140 × 70 m und befindet sich unter der heute nicht mehr erhaltenen Kirche *stoa basilica*, weshalb sie ursprünglich den Namen *cisterna basilica* trug. Doch die Osmanen, die sich gerne einer bildhafteren Sprache bedienten, nannten den Bau aufgrund der aus dem Wasser ragenden Säulen *Yerebatan Sarayı* (»versunkener Palast«).

Unter Kaiser Konstantin I. wurde mit dem Bau der mit einem mächtigen Ziegelsteingewölbe überspannten Halle begonnen und diese dann im Jahre 532 unter Kaiser Justinian I. erweitert. Das imposante, ca. 12 m hohe Kreuzgewölbe wird von 336 meist monolithischen Marmor- und Granitsäulen getragen, die etwa 8 m hoch sind und 12 Reihen im Abstand

n der Sommerhitze eine willkommene Abkühlung: der unterirdische *Yerebatan Sarayı* nahe der Hagia Sophia.

Besonderheit in der Zisterne ist die sog. »Tränensäule«, die einzige Säule mit aufwendigem Ornamentmuster, zu der es Vergleichsstücke aus dem Theodosius-Triumphbogen gibt.

von 4,80 m bilden. Hölzerne Zugstangen, die heute durch eiserne ersetzt sind, nahmen die horizontalen Kräfte der Konstruktion auf. Da es sich um keinen öffentlich zugänglichen Bereich handelte, dürfte die Funktion wichtiger gewesen sein als die Ausgestaltung, die in dieser Form sicherlich vor über 1500 Jahren noch niemanden großartig in Bann gezogen hätte. Zahlreiche Säulen sind eindeutig als Spolien (wiederverwendete Baumaterialien älterer Bauten) zu erkennen. So besitzen 98 Säulen Kapitelle in korinthischem oder dorischem Stil. Da sie aus unterschiedlichen Bauwerken stammen und dementsprechend unterschiedliche Höhen aufwiesen, wurden sie ganz einfach auf verschieden hohe Sockel gestellt. Diese erheben sich auf einem aus Backsteinen verlegten Boden, der mit einem Mörtelverputz abgedichtet wurde. In der Zisterne, die angeblich unter Einsatz von etwa 7000 Sklaven gebaut wurde, konnten bis zu 80 000 $m^3$ Wasser gespeichert werden; heute steht das Wasser jedoch nur noch weniger als einen halben Meter hoch.

Ursprünglich wurde die Zisterne mit Wasser, das den Quellen des Belgrader Walds entsprang, gespeist, da auf der Halbinsel selbst kein Trinkwasser zur Verfügung stand. Verbunden war sie mit dem Valens-Aquädukt sowie dem Mağlova-Aquädukt, die die Versorgung sicherstellten, und deckte den Wasserbedarf zunächst der Hagia Sophia und in osmanischer Zeit des Topkapı-Palasts.

Während die meisten Säulen, die sich über der 9800 $m^2$ großen Fläche erheben, in ihrer Form zylindrisch behauen sind, hebt sich eine reich verzierte Säule von diesen deutlich ab. Vergleichbar ist sie mit einigen entdeckten Fragmenten, die zum Theodosius-Triumphbogen aus dem 4. Jh. gehören, der einst im *forum tauri* (später *Beyazıt Meydanı*) stand. Diese ungewöhnlichen Verzierungen werden häufig als Tränen interpretiert, und so soll gemäß einer Legende die Errichtung der Säule in Erinnerung an die vielen während des Baus der großen Basilika zu Tode gekommenen Sklaven erfolgt sein.

Unterschiedliche Deutungen gibt es bei zwei als Medusenhäupter ausgebildeten Steinblöcken in der Nordwestecke, die jeweils den Sockel einer Säule bilden und sich somit ursprünglich unter Wasser befanden. Von welchem Gebäude sie einst stammten, lässt sich nicht mehr feststellen, doch kann man davon ausgehen, dass sie nur ihres Materials, nicht ihrer Form oder Bedeutung wegen neue Verwendung fanden.

Seit ihrem Bestehen wurde die Zisterne mehrfach repariert und restauriert, so zum ersten Mal im größeren Umfang 1723 unter Ahmed III. Bevor sie zwischen 1985 und 1987 von 50000 Tonnen Schlamm gesäubert und Besuchern zugänglich gemacht wurde, fand hier 1963 ein erbitterter Kampf zwischen sowjetischen Agenten und James Bond im Film » Liebesgrüße aus Moskau« statt. Nach weiteren Reinigungsarbeiten wurden 1994 Fische eingesetzt, und durch entsprechende Beleuchtung und Klassische Musik im Hintergrund schuf man ein für Besucher geradezu mystisches Ambiente; auch wenn dies nicht seiner ursprünglichen Nutzung entspricht, ist es dennoch einfach schön …

Kopfüber bildet das Medusenhaupt die Basis einer der Säulen, die das Kreuzgewölbe tragen.

# Hagia Sophia

## Der Prototyp

Weltberühmt und natürlich auch eine der bedeutendsten Sehenswürdigkeiten Istanbuls ist zweifellos die Hagia Sophia (türk. *Ayasofya*), die Kirche der »heiligen Weisheit«. Für rund 1000 Jahre war sie Hauptkirche und geistliches Zentrum des Byzantinischen Reichs, bis sie nach der Einnahme Konstantinopels durch die Türken im Jahr 1453 zur wichtigsten Moschee der Osmanen umfunktioniert wurde. Ihr Bau war für die frühe orthodoxe Christenheit und das Byzantinische Reich gleichermaßen von hoher symbolischer Bedeutung und stellt zudem das erste Beispiel – gewissermaßen den »Prototyp« – einer spezifisch byzantinischen Architektur dar. Über viele Jahrhunderte lang war die Hagia Sophia der größte kirchliche Sakralbau weltweit, der in den Augen vieler nicht einfach durch Menschenhand errichtet worden sein konnte, sondern bei dessen Bau göttliche Hilfe mit im Spiel war. Auch in ihrer späteren Bestimmung war sie unerreichtes Vorbild zahlreicher Moscheen im Osmanischen Reich.

Den byzantinischen Historikern Theophanes und Nikephoros zufolge soll mit dem Bau der Hagia Sophia bereits 325 unter Konstantin I. begonnen worden sein. Die Kirche brannte jedoch im Juni 404 während eines Aufstands der Anhänger des Patriarchen von Konstantinopel, Johannes Chrysostomos (347–404), vollkommen nieder, als dieser durch Kaiserin Eudoxia (395–404) abgesetzt worden war. Von Kaiser Theodosius II. am gleichen Ort als fünfschiffige Basilika wiederaufgebaut, wurde sie bereits im Jahr 532, kurz nach Beginn der Herrschaft Kaiser Justinians I., erneut Opfer eines verheerenden Brands, der im Zuge des sog. Nika-Aufstands gegen den Kaiser entfacht worden war. Bereits wenige Wochen danach begann man mit der Errichtung einer neuen, weit mächtigeren Kirche, deren Form Justinian im Traum offenbart worden sein soll; er wollte eine Kirche stiften, »wie sie seit Adam nicht existierte und auch nicht mehr existieren würde«. Mehrere zehntausend Arbeiter standen daraufhin unter der Aufsicht des Architekten Anthemios von Tralleis und des Mathematikers Isidoros von Milet; unzählige Säulen, Kapitelle, Marmorstücke und farbige Steine wurden aus den Überresten zahlreicher antiker Stätten Anatoliens, des Libanon, Griechenlands und Italiens als Baumaterial für die Hagia Sophia nach Konstantinopel gebracht, und innerhalb von nur fünf Jahren Bauzeit entstand der wohl prachtvollste Sakralbau des Altertums. Am 26. Dezember des Jahres 537 wurde er festlich eingeweiht. Der schriftlichen Überlieferung zufolge konnte der Kaiser seine Begeisterung bei den Feierlichkeiten kaum zügeln. Er fuhr angeblich mit einem von Pferden gezogenen Triumphwagen in die Kirche ein, dankte Gott und rief laut aus, er habe selbst König Salomo, den Erbauer des jüdischen Tempels, übertroffen. Ob ihm diese Worte nun nachträglich in den Mund gelegt worden sind oder nicht: In der Folgezeit entstanden nur wenige Kirchenbauten, die in ihren Ausmaßen an die Hagia Sophia heranreichten oder sie gar an Größe übertrafen – trotz des technischen Fortschritts.

Die Hagia Sophia erhebt sich in ihrerer blockhaften Geschlossenheit über der Stadt.

Zwei Jahrzehnte später, am 7. Mai 558, wurde die Hagia Sophia durch ein Erdbeben stark in Mitleidenschaft gezogen, bei dem u. a. die zentrale Kuppel einstürzte. In den darauffolgenden Jahren wurde sie von Isidoros dem Jüngeren wiedererrichtet, wobei die Kuppel aus statischen Gründen um

Fragmentarisch erhaltenes byzantinisches Mosaik aus dem 14. Jh. Dargestellt ist der segnende Christus zwischen Maria und Johannes dem Täufer.

7 m erhöht wurde, und erlebte 563 eine feierliche Neueinweihung. Aber auch in der Folgezeit sollte es wiederholt statische Probleme mit dem bis dahin beispiellosen Großbau geben: So stürzten in den Jahren 989 und 1346 der westliche und östliche Kuppelbogen ein, woraufhin außen zahlreiche stützende Zusatzmauern angebracht wurden – die Kuppelkonstruktion als solche hat jedoch im Wesentlichen bis heute überdauert.

## Vom Kreuz zum Halbmond

Angeblich soll Mehmed II. unmittelbar nach der Eroberung der Stadt als erste Amtshandlung der Hagia Sophia, die bei den Osmanen große Bewunderung hervorrief, einen Besuch abgestattet haben. In den folgenden Jahren wurde die Kirche sukzessive zur Moschee umgestaltet, wobei man jedoch stets darauf bedacht war, möglichst wenig Bausubstanz zu zerstören. Christliche Insignien wurden nach und nach durch muslimische ersetzt, die Ikonen entfernt, die Mosaiken innerhalb der Kirche wegen des Bilderverbots im Islam verputzt und Kreuze gegen Halbmonde ausgetauscht; der äußere Eindruck der Kirche wurde in erster Linie durch die vier neben dem Gebäude errichteten Minarette verändert. Mit dieser Umwandlung begann der große Einfluss der Hagia Sophia auf die osmanische Sakralarchitektur. Die Ausbreitung der Kuppelmoschee im Osmanischen Reich bis hin zu den großen Moscheen wie der Selimiye-Moschee in Edirne oder der

Istanbuler *Süleymaniye* des großen Architekten Sinan wären ohne das Vorbild der Hagia Sophia nicht denkbar.

Sultan Abdülmecid I. (1839–1861) ließ die Hagia Sophia von 1847–1849 durch die Schweizer Architekten Gaspare und Giuseppe Fossati aufwendig restaurieren, wobei einige der zuvor übertünchten Mosaiken wieder zum Vorschein kamen. Aus dieser Zeit stammen auch die 7,50 m großen arabisch beschrifteten Rundschilder im Inneren des Hauptraums, auf denen u. a. die Namen Muhammads und der ersten vier Kalifen Abu Bekr, Omar, Osman und Ali zu lesen sind. Annähernd 500 Jahre – bis 1932 – diente die Hagia Sophia als Moschee.

Die Grundfläche des als Kuppelbasilika ausgelegten Baus bildet ein Rechteck von rund 70 × 75 m. Die gängige Bauform einer Basilika wurde mit dem überkuppelten Zentralbau zu einer neuen Prägung kombiniert. Die Kirche verfügt über zwei hintereinander gelagerte Vorhallen im Westen, den sog. inneren Narthex (Esonarthex) und den äußeren Narthex (Exonarthex), in dem noch einige nichtfigürliche Mosaiken aus der Zeit Justinians erhalten sind. Fünf inzwischen vermauerte Tore führten aus dem Atrium in diese Halle, fünf weitere von hier in den anschließenden Narthex. Oberhalb des mittleren Tors befindet sich ein wieder restauriertes Mosaik aus dem 10. Jh., das die Kaiser Konstantin und Justinian zeigt, die der thronenden Maria mit dem Christuskind eine Stadt (Konstantinopel) und eine Kirche (die Hagia Sophia) darbieten. Zu den beeindruckendsten Bildwerken des Narthex zählt ein über dem sog. Kaisertor angebrachtes Mosaik. Dieses zeigt den thronenden Christus mit stigmatisierter rechter Hand und einem Buch in der Linken, das die Aufschrift: »Friede sei mit Euch, ich bin das Licht der Welt« trägt. Zu seinen Füßen kniet Papst Leo IV. (780–797), während dessen Amtszeit dieses Mosaik vermutlich angefertigt wurde. Die seitlich angebrachten Medaillons tragen Darstellungen Marias und des Erzengels Gabriel.

Der Hauptraum wird ganz und gar von der rund 56 m hohen Kuppel beherrscht, die sich in der Lichtfülle unzähliger

Während der Regierungszeit von Murad III. gelangte das hellenistische Marmor-Gefäß aus Pergamon in die Hagia Sophia.

Fenster wie schwebend über vier mächtigen Pfeilern erhebt. Ihre Grundfläche beträgt 7570 $m^2$, was in etwa der Fläche eines Fußballfelds entspricht. In der Längsrichtung schließen sich an die zentrale Hauptkuppel zwei Halbkuppeln an, die ihrerseits von drei halbrunden Nischen durchbrochen sind, deren mittlere im Osten in Richtung der Hauptapsis ausgeweitet ist. In den Zwickeln sind sechsflügelige Engel dargestellt. Die Apsis verfügt über Mosaiken aus dem 9. Jh.: eine thronende Muttergottes mit Kind, rechts davon der Erzengel Gabriel, links Michael. Die Hauptkuppel, die Halbkuppeln, die Gewölbe des Narthex, die Seitenschiffe sowie die Emporen (was einer Gesamtfläche von nicht weniger als 10 000 $m^2$

Vier markante Minarette an den Ecken des quadratischen Grundbaus und die Kupel der Hagia Sophia bilden die markante Silhouette.

entspricht) waren ursprünglich deckend mit goldgrundierten Mosaiken bedeckt. Als osmanische Ausstattung findet sich im Süden der Apsis der Mihrab (Gebetsnische), im Mittelschiff rechts vor der Apsis das Minbar (Freitagskanzel) sowie links von der Apsis die achteckige, vergitterte Sultansloge aus dem 18. Jh. Auf den Emporen, die sowohl bei den Byzantinern wie auch den Osmanen allein den Frauen vorbehalten waren, haben sich Reste der alten Mosaiken erhalten: auf der Nordempore das Bild Kaiser Alexanders, auf der Südgalerie ein Mosaik mit Kaiserin Zoë und ihrem Gemahl Konstantin IX. Monomachos, daneben ein Mosaik des Kaisers Johannes II. Komnenos (1118–1143) mit Kaiserin Irene und Kronprinz Alexios, die der Gottesmutter samt Kind das Apokombion, den Beutel mit der Opfergabe, offerieren.

Das früheste der vier Minarette stammt bereits aus der Zeit Mehmeds II., das kannelierte Minarett ließ sein Sohn Bayazıt II. errichten, die übrigen Selim II. im 16. Jh. Im Hof der Hagia Sophia befindet sich u. a. ein Baptisterium, ein Moscheebrunnen aus der Zeit Mahmuds I. (1808–1839), eine Knabenschule, eine Armenküche, eine Bibliothek, die Hünkâr-Galerie (*Mahfel*) von Sultan Abdülmecid I. sowie vier Türben (Grabbauten), in denen Sultane, Prinzen, Prinzessinnen und Sultansgattinnen beigesetzt wurden, darunter Selim II., Murad III., Mehmed III. (1595–1603), Mustafa I. (1617–1618, 1622–1623) und Ibrahim (1640–1648).

Die Hagia Sophia, gekrönt mit dem Halbmond, war lange Zeit für viele Westeuropäer *das* Symbol der Niederlage: Das Christentum hatte ein einzigartiges Gotteshaus an den Islam verloren. Mustafa Kemal Atatürk (1881–1938), »Vater« der Republik Türkei, beschloss 1935 – sich der Kraft der Symbolik bewusst –, dieses Heiligtum in das bis heute bestehende Hagia Sophia-Museum (*Ayasofya Camii Müzesi*) umwandeln zu lassen und so einen jahrhundertelang schwelenden Streit zu beenden. Durch diese Maßnahme wurde nicht zuletzt auch die Freilegung der byzantinischen Mosaiken ermöglicht.

Im Gegensatz zum Zentralraum der Hagia Sophia zeichnet sich der Narthex durch seine formale Schlichtheit aus; verwendet wurden dennoch die edelsten Materialien.

# Hagia Eirene

## Kriegsgerät statt Gebetsteppich

Ein Sakralbau mitten in Istanbul ohne Minarett – eigentlich kaum vorstellbar und doch ist die Hagia Eirene (oder Irenenkirche; türk. *Aya Irini Kilisesi*) ein beeindruckendes, zugleich aber auch das einzige Beispiel eines christlichen Kirchenbaus, der nach der Eroberung 1453 nicht zur Moschee umgewandelt wurde. Sie war dem eher abstrakten Gedanken eines »heiligen Friedens« geweiht, doch gilt ebenso als namensgebend die heilige Irene, die unter Licinius (308–314) das Martyrium erlitten haben soll und in Konstantinopel zur Zeit der Errichtung eine besondere Verehrung erfuhr. Über

Die heute zum Museum ausgebaute Hagia Eirene zeigt im Wesentlichen die Form ihres Zustands im 18. Jh.

sie gibt es unterschiedliche Berichte bzw. Legenden, wovon die eine sie als Penelope nennt, die bei ihrer Taufe den Namen Irene annahm. Aufgrund ihres Bekenntnisses zum christlichen Glauben und ihrem Bestreben diesen zu verbreiten wurde sie verfolgt, überlebte jedoch alle Grausamkeiten, die sie erleiden musste. So soll sie etwa in eine Schlangengrube geworfen worden sein, ohne dass eine Schlange sie berührte, und wilden Pferden vorgeworfen worden sein, die sie aber verschonten, woraufhin viele Menschen sich zum Christentum bekehrten.

Der rötliche Backsteinbau liegt an einem Hang im Südwesten des ersten Palasthofs, doch existierte bereits vor dem heute sichtbaren Bau an dieser Stelle zunächst eine kleinere Kirche, die von Konstantin I. Mitte des 4. Jhs. um ein Wesentliches erweitert wurde. 381 bildete sie den Rahmen des zweiten ökumenischen Konzils unter Theodosius I. (des ersten Konzils von Konstantinopel). Bis zum Bau der Hagia Sophia war sie als *ecclesia antiqua* Hauptkirche der Stadt und Sitz des Bischofs, spielte aber auch danach noch eine bedeutende Rolle.

532 fiel die Hagia Eirene beim Nika-Aufstand, wie viele andere Gebäude der Stadt auch, den Flammen zum Opfer, wurde aber durch Justinian in deutlich größerer Form als dreischiffiger Bau mit Kuppel über dem Zentralteil wiederhergestellt. Erneut stark beschädigt wurde der Neubau 740 bei einem Erdbeben, durch das auch weite Teile der Stadtbefestigung zerstört wurden. Wohl der gesamte Oberbau über der Empore sowie die Apsis stürzten hierbei ein. Konstantin V. ließ den Bau abermals erneuern, was nahezu den gesamten Oberbau, die Apsis sowie die komplette Inneneinrichtung umfasste, doch machten wohl insbesondere die in dieser Region häufig auftretenden Erdbeben in den folgenden Jahrhunderten immer wieder Ausbesserungs- oder Sicherungsarbeiten notwendig.

In der zweiten Hälfte des 15. Jhs. wurde die Hagia Eirene in den Bereich des wachsenden Topkapı-Palasts mit einbezogen und – nachdem sie zunächst noch durch am Hofe angestellte Christen genutzt worden war – zum Arsenal hergerichtet. Aus diesem Grund wurde sie, anders als die meisten anderen Kirchen, auch nie zur Moschee umgebaut. Unter Ahmed III. wurde der Bau 1726 zum Zeughaus (*Dar-ül eslaha*) ausgebaut.

Eine neuerliche Renovierung erfuhr das Gebäude Mitte des 19. Jhs., als man es unter Sultan Abdülmecid I. auf Betreiben des Artilleriegenerals Fethi Ahmed Paşa zum Museum umgestaltete. Heute ist sie eines der besterhaltenen Bauwerke in Istanbul, die noch aus altbyzantinischer Zeit stammen und ein frühes Beispiel, das den Übergang von der bis dahin vorherrschenden basilikalen Konzeption zum Zentralbau zeigt. Die reiche Dekoration, die die Wände, Pfeiler und Kuppel einst schmückte, ist heute jedoch verloren; dafür gibt die Kirche mit dem »rohen« Ziegelsteinmauerwerk und ihrer außergewöhnlichen Akustik zahlreichen klassischen Konzerten oder Jazz-Festivals einen besonderen Rahmen.

# Tekfur-Palast

## Von Kreuzträgern und Glashandwerkern

Die Zwickel zwischen den Fensterbögen des Tekfur-Palasts sind mit unterschiedlichen Mustern geschmückt.

Wenngleich die architektonischen Spuren aus byzantinischer Zeit in Istanbul nur noch äußerst spärlich sichtbar sind, so zeigen sie umso eindrücklicher, mit welcher Liebe zum Detail man nicht nur Wände dekorierte, sondern wie auch die Baukörper selbst durch die Verwendung unterschiedlicher Materialien kunstvoll gegliedert wurden. Eines der wenigen noch erhaltenen Beispiele byzantinischer Baukunst und daher auch kunsthistorisch von großer Bedeutung ist der Tekfur-Palast (türk. *Tekfur Sarayı*).

Vermutlich wurde er in Verbindung mit der Kaiserresidenz, die seit dem 11. Jh. im Blachernenviertel beherbergt war, am Nordende der Theodosianischen Landmauer zwischen der Mauer selbst und ihrer Vormauer errichtet. Wer ihn bauen ließ und wie er ursprünglich hieß, ist allerdings aufgrund fehlender Inschriften und Aufzeichnungen noch immer nicht gesichert. Sicher ist jedenfalls, dass der Begriff *Tekfur* (»die Kreuz-Tragenden«) erst aus osmanischer Zeit stammt und die byzantinischen (sprich: christlichen) Herrscher bezeichnete.

Bis zur Eroberung Konstantinopels durch die Osmanen diente der Bau als Wohnsitz der byzantinischen Kaiser. In der zweiten Hälfte des 13. Jhs., in palaiologischer Zeit (bzw. während der Herrschaft von Manuel I. Komnenos, 1143–1180), wurde der Palast umfangreich erweitert und erneuert, um als Sommerresidenz des Kaisers genutzt zu werden.

Nicht nur für Bauhistoriker interessant sind die Unterschiede in der Mauertechnik des Erdgeschosses und des Obergeschosses sowie der Gegensatz einer dreiteiligen Raumgliederung im Inneren und einer vierteiligen Gliederung der südlichen Außenwand, die zeigen, dass das Gebäude erst durch mehrere Bauphasen seine endgültige Form erhielt.

Ziegelsteinbänder und Ziegelintarsien prägen das Äußere des byzantinischen Palastbaus.

Wie viele Ausbaustufen der Palast letztendlich erfahren hat, ist jedoch nicht eindeutig zu sagen. Die durch Ziegelintarsien außerordentlich reich geschmückte Vorderfront öffnet sich zu einem langgestreckten Hof, der durch vier Torbögen betreten werden konnte. Horizontal gliedern zwei dicht gesetzte rundbogige Fensterreihen die Schaufassade mit unterschiedlich farbig gemusterten Bogenzwickeln.

In der ersten Hälfte des 14. Jhs. diente der Bau Kaiser Andronikos III. (1328–1341) als Quartier und wurde 1328 nach Konstantin Palaiologos Porphyrogennetos (»der Purpurgeborene«), dem Sohn Kaiser Michaels VIII., »Konstantin Porphyrogennetos-Palast« genannt.

Im 16. Jh. war das Gebäude bereits teilweise zerstört, diente aber dennoch dem Sultan als Menagerie (ebenso wie eine aufgelassene Zisterne, die sich in der Nähe befand) und so tummelten sich nun, dort wo früher höfisches Leben stattfand, teils exotische Tiere. Auf Initiative des Großwesirs Damad Ibrahim Paşa wurde eine Fayencefabrik gegründet, die 1719 im Hof des Tekfur-Palastes eingerichtet wurde, wofür Werkstatträume, ein Brennofen sowie ein Mühlwerk angelegt wurden. Hergestellt von Meistern, die aus den Iznik-Manufakturen hierhergebracht wurden, schmücken diese sog. *Tekfur Çinileri* (»Tekfur-Kacheln«) verschiedene Moscheen Istanbuls. Allerdings sollte die Werkstatt nicht lange Bestand haben. 1864 brach ein Brand in den hier angesiedelten »Judenhäusern« aus, wodurch auch wichtige Teile des Tekfur-Palastes zerstört wurden, so die reiche marmorne Innenausstattung und der Balkon. Später entstand an diesem Platz eine Glaswarenfabrik, die noch bis ins 20. Jh. hinein in Betrieb war und durch deren Abfall sich das Bodenniveau bis zur Reinigung durch die Verwaltung des Hagia Sophia-Museums im Jahr 1955 deutlich nach oben verlagerte. Heute zeugen nur noch die lange Zeit sich selbst überlassenen Mauern von diesem einst so prächtigen Bauwerk.

Wie viele Bauphasen in dem Palastgebäude stecken, lässt sich nur schwer ermitteln.

Chora-Kirche

# Gottesdienst jenseits der Stadtmauer

Sucht man nach den kunsthistorisch wertvollsten byzantinischen Mosaiken weltweit, so darf ein Besuch der Chora-Kirche (türk. *Kariye Camii*) nicht ausbleiben. Nicht zuletzt deswegen ist sie heute, neben den großen Moscheen und dem Topkapı-Palast, auch eine der touristischen Attraktionen Istanbuls. Kaum vorstellbar, dass sie bis in die frühen 1970er Jahre hinein fast nicht mehr betreten werden konnte und gänzlich zu zerfallen drohte. Bis man sich des Problems annahm und zunächst Teile der umgebenden Bebauung renovierte, stand sie inmitten eines verslummten Viertels mit baufälligen osmanischen Häusern und unbefestigten Gassen. Mit Hilfe einer amerikanischen Stiftung konnten dann der Kirchenbau und insbesondere die Mosaiken aufwendig restauriert werden.

Das griechische Wort *chóra* (»Dorf«) bedeutet ebenso wie das türkische Wort *Kariye* ursprünglich so viel wie: »außerhalb der Stadt, in den Feldern«. So erklärt sich der Name des Klosters, wenngleich wohl zumindest ab dem 14. Jh. diese Bezeichnung nicht mehr topographisch, sondern eher symbolisch verstanden wurde, zumal sich die Stadtgrenze zwischenzeitlich weit über dieses Gebiet hinaus verlagert hatte.

Die heute sichtbare Form der Kirche entspricht dem Zustand des 14. Jhs., wie sie vom Stifter Theodoros Metokhites,

Einst lag das Chora-Kloster außerhalb der Stadtgrenze.

einem hohen Beamten unter Kaiser Andronikos II. (1282–1328), erneuert und erweitert wurde. Sein Stiftermosaik, das ihn bei der Übergabe der Kirche an den Christus Pantokrator zeigt, prangt über dem Portal.

Doch vermutlich kam dem Areal nördlich von Edirnekapı, wo sich die Chora-Kirche befindet, schon im 4. Jh. eine größere Bedeutung zu, da hier gemäß verschiedener Berichte der Märtyrer Babylas und seine Schüler bestattet lagen – was allerdings auch andere Orte für sich beanspruchen. Unterschiedliche Berichte und Quellen zeichnen für die Frühgeschichte des Klosters aber nach wie vor ein wenig eindeutiges Bild. So soll etwa um 536 ein Kloster mit mehreren Kirchen von einem historisch nicht belegten Onkel der Kaiserin Theodora am Stadtrand gegründet worden sein. Für das frühe 6. Jh. lässt sich zudem ein Michael-Kloster nachweisen, zu dem evtl. die unter dem heutigen Bau liegenden Reste aus dem 6. Jh. gehören. Im 8. Jh. wurde das bestehende Kloster jedenfalls als Verbannungsort für missliebige Geistliche genutzt, und Patriarchen fanden hier ihre letzte Ruhestätte. Dem zerstörerischen Bildersturm der Ikonoklasten unter Konstantin V. entging die Chora-Kirche, wahrscheinlich weil der Abt des Klosters beim Konzil von Nikäa vertreten war. So konnte nach dem Ende des byzantinischen Bilderstreits Mitte des 9. Jhs., als der Hauptkirche noch drei weitere Kapellen hinzugefügt wurden, eine Blütezeit für das Kloster folgen.

Gegen Ende des 11. Jhs. scheint der Bau dann jedoch zerstört gewesen zu sein, da Maria Dukaina, die Schwiegermutter Kaiser Alexios' I., hier zwischen 1077 und 1081 eine kleine Kreuzkuppelkirche über Bauresten des 6. Jhs. errichten ließ. Der jüngere Bruder des Kaisers Johannes II., Isaak Komnenos, ließ die Kirche erneuern, nachdem sie vermutlich von einem Erdbeben in Mitleidenschaft gezogen worden war, wobei im Wesentlichen nur die Außenmauern stehen blieben. Die übrige Konstruktion erfuhr hingegen tiefgreifende Veränderungen, und seitlich wurde ein mit Mosaiken ausgestattetes Parekklesion angebaut. Ursprünglich war hier auch die Grabstätte Isaaks vorgesehen, die jedoch Mitte des 12. Jhs. in ein von ihm neu errichtetes Kloster in Thrakien verlegt wurde. Zwischen 1204 und 1261, während der Zeit der Belagerung durch die Lateiner, wurden die Bauten des Chora-Klosters teilweise zerstört, und einige seiner Reliquien gingen wohl verloren bzw. wurden fortgebracht.

Eine grundlegende Renovierung und umfassende Erweiterungen erfuhren Kloster und Kirche zwischen 1316 und 1320. Die Haupträume wurden mit reichen Mosaiken und Fresken geschmückt, die Szenen aus dem Leben Christi und Mariä zeigen. Nach seiner Verbannung zog Theodoros Metokhites sich 1330 als Mönch ins Kloster zurück, wo er zwei Jahre später seine letzte Ruhestätte fand.

Im Jahr der osmanischen Eroberung Konstantinopels ließ Hadım Ali Paşa, ein Großwesir Beyazıts II., das Kloster plündern und daraufhin in eine Moschee umwandeln, wobei die Mosaiken teilweise mit Holz bedeckt, teilweise übermalt wurden. Wie bei vielen anderen Moscheen wurden dem Bau im 18. Jh. noch Armenküche und Schule hinzugefügt.

Seit 1948 untersteht die Moschee dem Hagia Sophia-Museum, und im Zuge dessen legte man zwischen 1948 und 1958 die gesamten Fresken und Mosaiken wieder frei.

# Kalenderhane-Moschee

## Wo »Eigenbrötler« beteten

Leuchtend rot und schon von weitem als byzantinischer Ziegelsteinbau erkennbar, steht der verhältnismäßig kleine, aber hohe Bau der Kalenderhane-Moschee (türk. *Kalenderhane Camii*) im Stadtteil Eminönü. Die Kreuzkuppelkirche wurde über den Ruinen eines spätrömischen Bades beim Valens-Aquädukt gebaut. Verschiedene ältere Bauphasen und Gebäudeteile, die teilweise überbaut, teilweise in den um 1180 errichteten Neubau eingebunden wurden, bilden eine äußerst komplizierte Abfolge. Dennoch erscheint er keinesfalls als Konglomerat einzelner Baukörper, sondern als wohlproportioniertes komnenisches Gebäude. Über der Hauptkirche mit ihren seitlich angegliederten Räumen und vorgelagertem, zweigeschossigem Narthex erhebt sich eine von 16 Pfeilern gestützte Kuppel. In der Fensterzone sind auf den Pfeilern noch Reste von Malereien erhalten.

Um welche Kirche es sich ursprünglich handelte, ist nicht sicher, weswegen heute auch nur die türkische Bezeichnung geläufig ist; zwischen 1204 und 1261 diente sie jedenfalls

Szenen aus dem Leben des Franziskus von Assisi schmücken das Innere der Kalenderhane-Moschee.

zeitweise den Franziskanermönchen. So findet sich in der südlichen Seitenkapelle ein Freskenzyklus mit Szenen aus dem Leben des heiligen Franziskus von Assisi, der schon bald nach seinem Tod entstanden sein muss und so zu den ältesten Wandmalereien dieses Sujets gehört. Nach 1261 gab es weitere kleinere bauliche Veränderungen, insbesondere

Der Bau der Kalenderhane-Moschee enspricht noch im Wesentlichen der Form die sie Ende des 12. Jhs. erhielt.

aber wurde die Kirche neu ausgemalt und für die Zwecke des griechisch-orthodoxen Ritus umgestaltet.

Ende des 15. Jhs. wies Sultan Mehmed II. dem Männerbund der Kalenderîye die zur Moschee mit Imaret umgewandelte Kirche zu, wie aus der Stiftungsurkunde hervorgeht. Hierin beschreibt er zudem die Gemeinschaft als eine aus enthaltsamen, weder dem Weiblichen noch sonstigen weltlichen Vergnügungen zugeneigten Männern bestehende Gruppe, die sich einzig und allein ihrer Frömmigkeit hingeben würden. Von diesem Derwischorden stammt auch der Name der Moschee: »*Kalenderhane*« (»Eigenbrötler«). Die Stiftung, zu der außerdem mehrere thrakische Dörfer sowie Bäder gehörten, unterstand dem Sultan persönlich. 1747 erhielt die Moschee aus einer Stiftung heraus einen neuen Mihrab und ein Minbar und erfuhr eine Renovierung, wobei die Apsis abgetragen wurde. Die mit Marmor vertäfelten Wände, die mit Fenstern durchbrochen sind, bilden einen weiten Raum. An der Westwand sind zwei spätrömische Kapitelle als Spolien verbaut, und in den Seitenarmen findet man Reliefrahmen mit Akanthusblättern.

Im 20. Jh. gab es in der unmittelbaren Nachbarschaft große Eingriffe und Veränderungen durch moderne Neubauten, wodurch auch die Kalenderhane in Mitleidenschaft gezogen wurde. So fiel, nachdem 1928 bereits ein Blitzschlag das Minarett zerstört hatte, 1930 die Medrese dieser Umgestaltung zum Opfer. Bei zahlreichen weiteren Baumaßnahmen wurden byzantinische Mauerreste und Bauglieder zerstört und weggeschafft. Den heutigen Zustand haben wir den Restaurierungsarbeiten, die ab 1966 stattfanden und denen umfangreiche Untersuchungen vorausgingen, zu verdanken.

Gül-Moschee

# Kirche – Schiffsarsenal – Moschee

Im Bezirk Fâtih erheben sich über dem Goldenen Horn die mächtigen roten Mauern der Gül-Moschee (türk. *Gül Camii*) auf einem ebenso massiven Ziegelsteingewölbe, das Ende des 11. Jhs. hier errichtet wurde. Sie beeindruckt nicht nur durch ihre Wuchtigkeit inmitten der dichten Bebauung, sondern auch durch ihre den Bau nochmals deutlich überragende Kuppel. Aufzeichnungen oder Inschriften, die sich häufig zur Datierung historischer Gebäude heranziehen lassen, fehlen

Laut einer Inschrift befindet sich in der einstigen Kreuzkuppelkirche das Grab des Gül Baba, eines Lokalheiligen.

bedauerlicherweise bei dieser Kreuzkuppelkirche, und so bleibt nur festzustellen, dass es sich um den zweitgrößten byzantinischen Kirchenbau Konstantinopels handelt. Seitlich fügen sich an den Zentralbau Emporen und drei Apsiden an.

Die mächtige Substruktion mit ihren gewaltigen Gewölben wurde im Inneren in rohem, schmucklosem Zustand belassen und dürfte demnach auch außer ihrer statischen Funktion wohl am ehesten zur Nutzung als Lagerraum o. Ä. gedient haben.

Nach der osmanischen Eroberung wurde die Kirche zunächst als Schiffsarsenal genutzt und, wie aus Stiftungsakten hervorgeht, im Jahre 1490 zur Moschee umgestaltet.

Wenngleich nach wie vor die Frühzeit im Dunkel liegt, wird seit Ende des 16. Jhs. der Bau häufig als »Theodosia-Kirche« angesprochen, was auf Stephan Gerlach, der sich als evangelischer Botschaftsprediger mit dem kaiserlichen Gesandten einige Zeit in Konstantinopel aufhielt, zurückgeht. So soll die Kirche nach einer Nonne namens Theodosia benannt worden sein, die während des Bilderstreits einen Beamten des Kaisers Leo III., der damit beauftragt war, ein Christusbild am Palasttor zu entfernen, zu Tode stürzte, woraufhin sie enthauptet wurde.

Unter Murad IV. wurde die *Gül Camii*, nachdem ihr ein Erdbeben arg zugesetzt hatte, umfangreich erneuert, wobei nicht deutlich zu erkennen ist, welche Ergänzungen dieser oder bereits einer früheren Bauphase zuzuordnen sind. Neu scheinen jedenfalls die Kuppel und ganze Bereiche im Westen sowie das Minarett zu sein. Über einer kleinen Kammer, die sich in einem Pfeiler bei der Hauptapsis befindet, liest man die Inschrift: *»Merked-i havariûn ashab-i Isâ aleihi üs-selâm«* (sinngemäß: »Hier befindet sich das Grab des Gül Baba.«). Hierbei scheint es sich um einen Lokalheiligen zu handeln, nicht zu verwechseln mit dem Bektaşı-Derwisch Gül Baba des 16. Jhs., der als Heiliger verehrt wird und dessen Türbe als nördlichster islamischer Wallfahrtsort in Budapest liegt.

Ob nun Gül Baba (»Vater der Rosen«) namensgebend für die Moschee war oder nicht, bildhafter schildert der Volksmund, wie es zu dem Namen kam: Am Vortag der osmanischen Eroberung Konstantinopels 1453 sollen die Bürger den Kirchenraum mit Rosen (türk. *gül*) gefüllt haben. Dann sprachen sie Gebete, es möge den Osmanen nicht gelingen die Stadtmauer zu durchbrechen. Die Gebete scheinen jedoch nicht erhört worden zu sein und die Angreifer fielen ein. Als die Soldaten Mehmeds II. die Kirche betraten und sie voller Rosenblätter vorfanden, nannten sie diese *Gül Camii* (»Rosen-Moschee«).

Nicht jeder betritt die Moschee durchs Hauptportal …

Fethiye-Moschee

# Kirche wohlhabender Griechen

Abseits der Touristenpfade liegt im Zentrum des Stadtteils Fener, der einst v. a. von wohlhabenden Griechen, den sog. Phanarioten, bewohnt wurde, die Fethiye-Moschee (türk. *Fethiye Camii*). Wie aus einer inzwischen verlorenen Inschrift hervorging, wurde der Bau ursprünglich von Johannes II. Komnenos und seiner Gattin Anna Dukaina als Theotokos Pammakaristos-Kirche bzw. Klosterkirche (griech. *theotókos pammakáristos*: »allerseligste Gottesgebärerin«) errichtet. Die anfängliche Konzeption dieser Umgangskirche mit quadratischem Kuppelraum, Tonnengewölbe an drei Seiten und mit vorgelagertem Narthex dürfte jedoch schon älter sein und auf Michael VII. Dukas zurückgehen und somit dem 11. Jh. zuzuordnen sein. Während der Lateinerherrschaft erfuhr die Entwicklung des Klosters zunächst Rückschläge, doch kamen ab dem Ende des 13. Jhs. unter Abt Kosmas, der 1294 als Johannes XII. zum Patriarchen gewählt wurde, für das Kloster wieder bessere Tage, und im Außenbereich wurden Fresken angebracht, die heute noch in Resten erhalten sind.

1315 wurde das Kirchengebäude, wie eine Gedenktafel des Dichters Manuel Philes zeigt, zu Ehren Michael Tarchaniotes Glabas', eines Kommandeurs der Truppen unter Kaiser Andronikos II. Palaiologos, durch dessen Frau Martha Glabas erneuert und im Norden und Westen erweitert. Sie stiftete auch das Parekklesion (Nebenkirche) an der Südseite, das reich mit Mosaiken und Fresken ausgeschmückt wurde und in seiner Grundkonzeption dem Hauptbau ähnelt. Dieses am besten erhaltene Beispiel einer Viersäulenkirche in Istanbul scheint weniger als Seitenkapelle konzipiert worden zu sein denn als kleiner eigenständiger Kirchenbau. Michael Tarchaniotes Glabas wurde in einem der Arkosolgräber (Nischengräber) in der Nordwand beigesetzt.

Der rote Backsteinbau weist mit seinem Ziegel-, Schachbrett- und Rautenmuster sowie den Marmorgesimsen eine typisch spätbyzantinische Form der Dekoration auf. Das Gebäude der ehemaligen Klosterkirche bestand aus einem Hauptraum mit Vorraum sowie einer dreiteiligen Apsis, die im Zuge der späteren Umwandlung zur Moschee einem Mihrab weichen musste. In über 6 m Tiefe liegt eine kreuzförmige Zisterne unter dem Gebäude, die jedoch nicht eindeutig der Komnenenkirche zugeordnet werden kann. Möglicherweise handelte es sich hierbei auch um eine Krypta o. Ä. eines Vorgängerbaus, die nach der Überbauung zur Zisterne umfunktioniert wurde.

Um 1300 ließ die Familie Glabas an der südlichen Außenwand des Kernbaus figürliche und ornamentale Fresken anbringen, im oberen Bereich einen Zyklus zu Mariä Himmelfahrt, in der unteren Zone verschiedene Szenen aus dem Alten Testament. Zu sehen sind noch einzelne Szenen wie »die betende Maria in ihrem Haus«, »der heilige Petrus«, »die verschlossene Tür« und einige Ornamente.

Das nach der Eroberung weiterhin durch Nonnen bewohnte Kloster wurde ab 1456 von Gennadios II. Scholarios zum Sitz des Patriarchen von Konstantinopel ausgewählt, und es löste die Apostelkirche, die 1453 hierfür auserwählt worden war, in dieser Funktion ab. Noch im 16. Jh. beherbergte die Kirche angeblich zahlreiche Reliquien – darunter ein Glas der Hochzeit zu Kana, den Schleier der Maria und eine Hälfte der Dornenkrone.

Erst 1591 wurde unter Sultan Murad III. das Gotteshaus in eine Moschee umgewandelt und in Erinnerung an seine Eroberung (*Fetih*) von Georgien und Aserbaidschan in *Fethiye Camii* umbenannt. Der Innenraum wurde zur Gebetshalle vergrößert, indem die nicht tragenden Innenwände entfernt wurden. Ein eigenes Minarett erhielt die Moschee erst im 19. Jh., nachdem einige Renovierungsarbeiten durchgeführt worden waren, wie auf einer Tafel vermerkt ist.

Eine umfangreiche Restaurierung erfuhr der Gebäudekomplex 1945 durch das Byzantine Institute of America und das Studienzentrum von Dumbarton Oaks. Seitdem wird die Grabkapelle in ihrer ursprünglichen, vorosmanischen Form als Museum genutzt, und 1960 wurde der Hauptraum wieder seiner Bestimmung als Gebetsraum den Gläubigen übergeben.

In umfangreich restauriertem Zustand wird die Fethiye-Moschee heute als Museum genutzt.

Galataturm

# Wie Lilienthal über den Bosporus

Am Nordufer des Goldenen Horns, an höchster Stelle des Hügels, etwa 35 m über dem Meeresspiegel, ragt das heimliche Wahrzeichen Istanbuls aus der dichten Bebauung knapp 70 m in die Höhe und scheint den gesamten Stadtteil Beyoğlu zu überblicken – der Galataturm (türk. *Galata Kulesi*). Während heute Besucher von dort aus die großartige Aussicht über die Dächer hinweg genießen können, markierte er einstmals das nördliche Ende des genuesischen Viertels Galata und bildete die Hauptbastion der Befestigungsanlage von Konstantinopel. Errichtet wurde er 1348/49 und im Jahre 1646 zur Verstärkung des Mauerrings nochmals erhöht.

Bei der Einnahme der Stadt durch die Osmanen 1453 wurde der »Christus-Turm«, so sein früherer Name, in Teilen zerstört, aber unmittelbar im Anschluss wiederaufgebaut.

Als stünde ein Leuchtturm inmitten der Stadt: Auch bei Dunkelheit zieht der Galataturm viele Besucher an.

Daraufhin wurde in den ersten Jahrhunderten der neuen Herrschaft in seinen Räumen eine Abteilung der Janitscharen stationiert, einer Elitetruppe der Infanterie des Osmanischen Reichs, zu Beginn des 16. Jhs. wurden zeitweise Kriegsgefangene untergebracht, die in aller Regel als Galeerensklaven vorgesehen waren. Auch dieses Bauwerk konnte manchem der zahlreichen Erdbeben nicht standhalten und wurde 1509 stark beschädigt. Doch auf Initiative ortsansässiger Familien wurde der Turm in den folgenden Jahren ebenso wie die Befestigungsanlage wieder ausgebessert.

Eine friedlichere Bestimmung erfuhr der Galataturm unter Selim II., als er von dem Astronomen Takiuddin restauriert und als astronomisches Observatorium genutzt wurde. Im 17. Jh., während der Herrschaft von Sultan Mustafa II., verfolgte der Obermufti Feyzullah Efendi zusammen mit einem Jesuiten ebenfalls das Vorhaben, ein Observatorium auf

Weithin sichtbar ragt der Galataturm als heimliches Wahrzeichen Istanbuls aus der dichten Bebauung heraus.

dem Turm einzurichten, was nach dessen Tod 1703 jedoch nie zu Ende gebracht wurde.

Nach den ersten verheerenden Großbränden im 17. Jh., die in der Stadt große Schäden anrichteten, wurde der Turm als Feuerwache genutzt, von wo aus mit der *Kōs* (große Trommel) Alarm geschlagen wurde, sobald irgendwo ein Feuer aufflammte. Doch bei den Großbränden der Jahre 1794 und 1832 brannte auch der Galataturm nieder und musste danach wieder aufgebaut werden, sein 1875 durch einen Sturm zerstörtes konisches Dach hingegen wurde seinerzeit nicht erneuert.

Bei umfangreichen Renovierungsarbeiten in den 1960er Jahren, die sich stark an der architektonischen Gestaltung des Gebäudes in genuesischer Zeit orientierten, entstand u. a. eine neue konische Dachkonstruktion; bauliche Ergänzungen und Modifikationen aus osmanischer Zeit, wie etwa die große Anzahl an Fenstern, wurden indessen beibehalten.

1967 schließlich privatisierte man den Turm und öffnete ihn für Besucher. Auf der Südseite führen zwei geschwungene Treppenaufgänge aus Marmor, die noch in der Zeit Mahmuds II. (1808–1839) anstelle einer älteren Konstruktion aus Holz entstanden, zum Haupteingang. Eine in arabischer Kalligraphie gehaltene Inschrift ziert dekorativ die Tür; in ihr wird der Sultan für die Restaurierung des Turms im Jahr 1832 gerühmt. Über der geräumigen Eingangshalle befinden sich neun Stockwerke, von denen das oberste (heute als Nachtclub und Bar genutzt) von einer ringförmigen Aussichtsterrasse umgeben ist. In den unteren Geschossen ist die Anzahl der Fenster relativ gering, und erst ab der sechsten Etage treten große mit Rundbögen gerahmte Öffnungen an die Stelle der sonst üblichen schmalen Sichtschlitze. Während die oberen Räumlichkeiten des Turms heute bequem über einen Aufzug zu erreichen sind, gelangte man in früherer Zeit über einen im Inneren der massiven Außenmauern gelegenen Treppenaufgang in den fünften Stock. Von hier aus führte dann eine hölzerne Wendeltreppe zu den höher gelegenen Etagen. Im siebten Stockwerk erinnert ein Relief an den im 17. Jh. lebenden Flugpionier Hezarfen Ahmed Çelebi (1609–1640), der, so wird berichtet und gleichsam von anderen angezweifelt, im Jahre 1638 vollbrachte, was zuvor und noch lange danach keinem anderen gelang. Mit selbstgebauten Flügeln soll er vom Galataturm die knapp drei Kilometer lange Strecke zwischen Europa und Asien über den Bosporus gleitend überbrückt haben und auf dem Doğancılar Meydanı im Stadtteil Üsküdar unbeschadet gelandet sein. Sultan Murad IV., der dies von seinem Palast aus beobachten konnte, belohnte Ahmed Çelebi für diese tollkühne Leistung reichlich mit Goldstücken. Gleichzeitig sah er jedoch auch eine enorme Bedrohung von ihm ausgehen, da er offensichtlich imstande war, alles zu verwirklichen, was er sich vorgenommen hatte. Um seine Herrschaft keiner etwaigen Gefahr auszusetzen, verbannte er ihn nach Algerien, wo Çelebi den Rest seines Lebens verbrachte.

# Karacaahmet-Friedhof

## Letzte Ruhe im Zypressenhain

Von osmanischen Friedhöfen geht eine ganz besondere Faszination aus. Insbesondere die Kopf- und Fußsteine, mit ihren verschiedenen Turban- und Fesformen bei männlichen Bestattungen bzw. den Frauenkopfbedeckungen bei weiblichen Bestattungen, die bereits manches über den Verstorbenen verraten, vermitteln ein Bild, das für das westeuropäische Auge etwas geradezu Geheimnisvolles ausstrahlt. Geschmückt sind die Denkmäler meist noch mit pflanzlichen Darstellungen, Ornamenten und tragen Inschriften mit Segenswünschen oder Gedichten sowie Name, Todesdatum und häufig auch verwandtschaftlichen Beziehungen. Gerade Letzteres kann von großem historischen Interesse sein, da z. B. Frauen in osmanischen Aufzeichnungen kaum Erwähnung finden und so die Stelen oftmals die einzigen, spärlichen Quellen darstellen.

»Wildromantisch« und soweit das Auge reicht mit hoch aufragenden Zypressen bewachsen, nimmt der Karacaahmet-Friedhof (türk. *Karacaahmet Mezarlığı*) im Stadtteil Üsküdar eine Fläche von rund 3 km² ein. Der größte und zugleich älteste Friedhof der Türkei soll bereits 1338 nach der Einnahme von Üsküdar (damals gr. *Skutari*) durch Orhan I. (1326–1359), den zweiten osmanischen Sultan, angelegt worden sein. Benannt wurde er nach einem Vertrauten, der bei diesen Kämpfen sein Leben ließ.

Die Zahl der hier Bestatteten wird auf über eine Million geschätzt. Von den vielen Marmorgrabmalen mit arabischen Inschriften aus osmanischer Zeit, die sich auf dem weitläufigen Gelände finden, stammen heute die meisten aus dem 18. bis frühen 20. Jh.; unzählige der frühen Grabstelen wurden in den ersten Jahrzehnten nach Ausrufung der Republik Türkei zur Befestigung von Wegen verwendet. Zu den wenigen Stelen aus den ersten Jahrhunderten gehört die des Kalligraphen Şeyh Hamdullah (1436–1520), der als Begründer türkischen Kalligraphie gilt. Mit Gründung des neuen Staates 1923 verloren die alten osmanischen Denkmäler zwar ihre Bedeutung, doch wollte man auf den großen ehrwürdigen Friedhof nicht verzichten und belegte ihn weiterhin. So sind dort heute auch verschiedene türkischen Berühmtheiten zu finden: der osmanische General Kaçı Vehip Pasha (1877–1940), der Romanautor Reşat Nuri Güntekin (1889–1956), der Kunstmaler Fikret Mualla Saygı (1903–1967), der Rockmusiker Cem Karaca (1945–2004) sowie Nezihe Viranyalı (1925–2004), eine der ersten türkischen Pilotinnen, um nur einige zu nennen.

Auf dem Karacaahmet-Friedhof liegen Gräber aus mehreren Jahrhunderten scheinbar ordnungslos direkt nebeneinander.

# Anadolu Hisarı

## Gut gesichert hüben …

Während sich die berühmten Sehenswürdigkeiten wie die großen Paläste, Moscheen und Villen hauptsächlich im südlichen Teil Istanbuls befinden, liegen im zentralen Bereich, an der engsten Stelle des Bosporus (660 m breit), zwei bedeutende militärische Anlagen, die auf den gegenüberliegenden Uferseiten miteinander korrespondieren. Die auf asiatischer Seite gelegene Burg *Anadolu Hisarı* (»Anatolische Festung«) veranschaulicht, wie die Osmanen begannen, die Fahrt durch den Bosporus strikt zu kontrollieren.

Die Sperrfestung wurde Ende des 14. Jhs. während eines Angriffs von Sultan Beyazıt I. auf Konstantinopel errichtet und liegt auf einer Felsnase, wo das malerische Flüsschen Göksu in den Bosporus mündet. Die Form der zwischen 1390 und 1395 gebauten Anlage entspricht im Wesentlichen dem üblichen Typus der Belagerungsburgen in jener Zeit. Ein von einer Rechteckbastion eingefasster und mit vier Halbrundtürmen verstärkter Mauerring umfasst den Donjon, den Wohn- und Wehrturm. Während Sultan Mehmed II. gegenüber, auf europäischer Seite, die Sperrfestung *Rumeli Hisarı* (»Rumelische Festung«, s. S. 82 f.; »rumelisch« nennt man die europäische Seite des Bosporus) anlegen ließ, veranlasste er 1452 den Bau einer weiteren äußeren Ringmauer um die bestehende Anlage herum, ausgestattet mit Halbrundbastionen. Durch die Positionierung von Kanonen dicht über der Wasseroberfläche bildeten die beiden Sperrfestungen *Anadolu Hisarı* und *Rumeli Hisarı*, die jeweils eine feste Garnison erhielten, eine Einheit, durch die die Bosporus-Durchfahrt gänzlich beherrschbar wurde. Nach dem Niedergang des italienischen Schwarzmeerhandels verloren die beiden Burgen ihre Bedeutung und verfielen allmählich. Gegen Ende des 16. Jhs. bildete sich eine kleine Ansiedlung um den Wohnturm herum, darunter eine *Yalı* (Sommerresidenz) des Großwesirs Salih Paşa.

Rundturm der Rechteckbastion der *Anadolu Hisarı*.

Der nach 1830 nur noch ohne Turmhelme aufragende Bau begann nun rasch zu verfallen, bevor er 1928/29 renoviert wurde. Hierbei wurden auch die Holzhäuser, die im äußeren Hof standen, wieder abgerissen und die Schießscharten vermauert. Außerdem mussten Teile der äußeren Ringmauer dem Bau einer Straße weichen.

Der mit einer Mauer eingefasste Wohnturm der Festung *Anadolu Hisarı* liegt direkt an dem malerischen Flüsschen Göksu mit einer Bootsanlegestelle.

# Rumeli Hisarı
## ... wie drüben

Was der asiatischen Seite ihr *Anadolu Hisarı*, ist der europäischen Seite ihr *Rumeli Hisarı*. Diese osmanische Festung ist die mächtigste aller vergleichbaren Anlagen entlang des Bosporus. Sultan Mehmed II. Fâtih ließ die Burg, an deren Bau rund 1000 Meister und 2000 Arbeiter beteiligt gewesen sein sollen, bereits wenige Monate nach seiner zweiten Thronbesteigung zwischen 1451 und 1452 innerhalb von nur vier Monaten errichten. Gemäß einer Bauinschrift wurde der erste Turm 1452 fertiggestellt und diente u. a. zunächst der Sicherung des Baumaterials. Der Leitung des Goßwesirs Halîl Paşa unterstand ein Großaufgebot an Arbeitskräften, mit denen im März die Arbeiten für die gesamte Anlage vorangetrieben wurden. Verwendung hierbei fand auch Material zerstörter Bauten aus der direkten Umgebung, wie etwa aus dem ehemaligen Kloster des Heiligen Michael. Die Fes-

n Hanglage überblickt die Sperrfestung die einzige Wasserstraße zwischen Mittelmeer und Schwarzem Meer.

tung liegt strategisch günstig an der engsten Stelle des Bosporus und sollte in Verbindung mit der Festung *Anadolu Hisarı* in erster Linie die Meerenge kontrollieren (s. S. 80). Zwei mächtige Rundtürme auf der erhobenen Landseite und zwei Polygonaltürme in Ufernähe sind durch bastionsbewehrte Mauern zu einem unregelmäßigen Polygon verbunden. Der Hauptanlage ist eine ebenfalls unregelmäßig polygonale Vorburg vorgelagert. In diesem Teil lagen die Kanonen, durch die bereits im Jahr der Fertigstellung als »erster Erfolg« ein venezianisches Schiff versenkt worden sein soll. Die drei mächtigen Rundtürme, die zusammen mit insgesamt 13 kleineren Türmen (türk. *Kule*) die Anlage nach allen Seiten hin absicherten, tragen die Namen ihrer Erbauer: Saruca Paşa Kulesi, Çandarlı Kara Halil Paşa Kulesi und Zağanas Paşa Kulesi.

In das Innere der 30 000 $m^2$ großen Festung, wo für die 400 Mann Besatzung unter Hauptmann Firut Ağa Häuser aus Holz errichtet und ein Bad angelegt wurden, gelangte man durch fünf größere Tore. Von der Stiftung Ayasofya Camii wurde hier zudem eine Moschee unterhalten. Nach der Einnahme Konstantinopels durch die Türken verlor die Befestigung rasch ihre einstige Bedeutung und wurde in der Folgezeit bisweilen zweckentfremdet; so wurde z. B. der Nordturm seit dem 16. Jh. als Staatsgefängnis genutzt. Die Burganlage verfiel nach kleineren Reparaturarbeiten im Laufe des 19. Jhs. allmählich: gegen 1830 war von den spitzen Dächern aus Blei, die die großen Türme einst bedeckt hatten, nichts mehr zu sehen. Nach umfangreichen Renovierungsmaßnahmen und dem Abbruch der noch stehenden Holzhäuser im Inneren zwischen 1953 und 1955 wurde im Jahr 1959 der Komplex der Öffentlichkeit als Museum freigegeben.

Drei mächtige Rundtürme sowie dreizehn kleinere Türme sicherten die Anlage nach allen Seiten hin ab.

# Yedikule
## Burg der sieben Türme

Mit der *Yedikule* findet sich eine weitere Anlage, deren Name sich, wie so häufig, vom äußeren Erscheinungsbild des Bauwerks erklärt – die »Burg der sieben Türme«. Anfang des 5. Jhs. wurde im Rahmen der Neubefestigung Konstantinopels (mit der Theodosianischen Landmauer) an prominenter Stelle in Höhenlage ein mächtiges Tor, die Porta Aurea, errichtet, das in den folgenden Jahrhunderten das Haupttor der Stadt werden sollte und auch zahlreichen feierlichen Einzügen der Kaiser diente. Es besteht aus zwei großen Türmen, die aus dem Mauerverlauf hervorspringen, welche von drei rundbogigen Durchgängen flankiert werden. Diese erhielten 425, nach dem Sieg Theodosius' II. über den weströmischen Kaiser Johannes Primikerios (423–425), vergoldete Türflügel, wodurch sich der lateinische Name (»Goldenes Tor«) ableitet.

Nachdem das Tor jahrhundertelang seinem eigentlichen Zweck diente, ließ Sultan Mehmed II. 1457 die Porta Aurea schließen und band diesen Mauerabschnitt sowie zwei weitere Türme in eine neu errichtete fünfeckige Zitadelle mit ein. Auf deren Innenseite wurden jeweils an den Ecken drei zusätzliche Rundtürme mit spitzen Kegeldächern und dazwischen im Mauerverlauf dreieckige und halbrunde Zwischenbastionen errichtet. Zwischen den beiden Türmen in der Nordost-Front bildete ein Torturm den Zugang zur Zitadelle, während der Porta Aurea nur die Rolle eines Nebentors zukam. Im Inneren der Anlage wurden eine kleine einräumige Moschee, von der heute nur noch ein Stumpf des Minaretts steht, sowie die Wohnstätten der Besatzung errichtet.

Zeitweise – wenn das Fassungsvermögen der Lagerräume des Topkapı-Palasts ausgeschöpft war – lagerten in einem der Türme Teile des Staatsschatzes. Seinen »Ruhm« verdankte *Yedikule* aber in erster Linie dem Umstand, dass bereits kurz nach Fertigstellung zahlreiche türkische als auch ausländische Gesandte, Kapitäne fremder Schiffe und Kaufleute in den Türmen der Zitadelle gefangen gehalten und z.T. hingerichtet wurden, darunter etwa 1463 der Großkomnene David (1458–1461) samt seiner Söhne, 1474 der Großwesir Mahmut Paşa oder 1597 der Großwesir Hasan Paşa. Von diesem düsteren Kapitel osmanischer Geschichte zeugen Graffiti, die die Gefangenen in ihren jeweiligen Landessprachen auf den Mauern hinterließen. Nicht nur in Geschichts- und Schulbüchern allgegenwärtig ist »die osmanische Tragödie«, als die die Hinrichtung des 19-jährigen Sultan Osman II. (1618–1622) im Jahre 1622 gerne bezeichnet wird. Aufständische brachten den jungen Sultan, der sich in weiten Teilen der Bevölkerung sowie des Heeres mehr und mehr unbeliebt gemacht hatte, auf einem Karren unter begeistertem Geschrei der Massen nach *Yedikule*. Zuvor wurde noch sein geistesschwacher Onkel und Vorgänger Mustafa I. ein zweites Mal im Palast zum Sultan ernannt. In einem der

Türme von *Yedikule* sollte Osman erdrosselt werden, was angeblich aufgrund seiner eigenen Wehrhaftigkeit erst nach mehreren Versuchen gelang.

In der ersten Hälfte des 19. Jhs. wurde die Burg nach mehrfachen Zerstörungen durch Erdbeben und Brände, bei denen auch Gefangene ums Leben kamen, als Pulvermagazin genutzt. Später, ab 1869, fand dort dann eine Mädchenschule ihren Platz, unterstand ab 1878 dem Unterrichtsministerium und ab 1895 der Museumsdirektion.

Mitte des 20. Jhs. begann man die gesamten Anlage samt Porta Aurea umfangreich zu renovieren, im Inneren blieb jedoch außer dem Minarett der kleinen Moschee nichts Historisches mehr erhalten. Doch die wenigen Touristen, die dorthin geführt werden, können sich sicher sein, die blutigen Taten, die hier einst stattfanden, von den Führern besonders farbenfroh geschildert zu bekommen …

n die Festung Yedikule gelangte man verhältnismäßig einfach, heraus hingegen häufig überhaupt nicht mehr.

# Großer Bazar

## Eine »Stadt in der Stadt«

Geschäftiges Treiben, lautes Stimmengewirr, temperamentvoll gestikulierende Verkäufer, Lastenträger mit vollbeladenen Sackkarren, durch die Gänge eilende Teejungen, die schwarzen Tee oder süßen Mokka servieren, und immer wieder leidenschaftliches Feilschen – Orient, so wie man ihn sich vorstellt. Wer genau das sucht, wird sich garantiert im Gedränge des *Kapalı Carşı*, dem Großen (wörtl. »gedeckten«) Bazar wohlfühlen. Vermutlich kaum an einem anderen Ort Istanbuls pulsiert das Leben so wie hier, und das schon seit Jahrhunderten. Seit man aber entdeckt hat, dass sich mit manchem Krimskrams, von dem einige Touristen glauben, sie hätten ihn durch ihr Verhandlungsgeschick besonders günstig erworben, schnelles Geld zu verdienen ist, ist das traditionelle und hochwertige Warenangebot deutlich zurückgegangen. Zudem hat sich die eigentliche Funktion des Bazars etwas verändert. Noch bis in die 2. Hälfte des 20. Jhs. war es das wichtigste Geschäftsviertel – um nicht zu sagen: das Zentrum der Stadt. Aber auch heute ist der Bazar, trotz seines Wandels, noch einer der wichtigsten Orte für die Bevölkerung, um Einkäufe zu tätigen und Geschäfte abzuwickeln. Häufig findet man Läden, die schon über mehrere Generationen von denselben Familien geführt werden. Import/Export scheinen hier zuhause zu sein. Der riesige überdachte Markt mit seinen über 60 kilometerlangen Gassen, über die man an etwa 3500 Läden, Restaurants, kleinen Moscheen, Polizeistationen, Banken und kleinen Handwerksbetrieben vorbeikommt, erweckt leicht den Eindruck, eine eigene, von der Außenwelt abgeschlossene Stadt zu sein. Verstärkt wird dieser Eindruck noch durch die den Gesamt-

Noch immer herrscht ein reges Treiben in den zahlreichen Gängen des Großen Bazars.

Mehrere teils aufwendig gestaltete Tore führen in das Labyrinth des Großen Bazars.

NURUOSMANIYE KAPISI
KAPALIÇARŞI 1461
GRAND BAZAAR
GATE 1

komplex umgebende Mauer mit ihren teils mit Inschriften und Wappen verzierten Toren. Nach wie vor sind die Händler jeweils einer Branche in derselben Straße angesiedelt, so dass es in ganzen »Vierteln« vor lauter Gold- und Silberschmuck um einen herum nur so funkelt, in anderen riecht es nach Tee oder Lederwaren oder aber man findet sich inmitten von billigem Souvenir-Plunder. Zu kaufen gibt es jedenfalls nahezu alles, außer Großgeräte.

Seit frühester Zeit wurde in dem Gebiet in der Nähe des *Eski Saray* (Alter Palast) Handel getrieben, so befand sich leicht südlich das spätantike Artopolion, der Brotmarkt. Zur Zeit des Kaisers Theodosius I. lag hier das *forum tauri*, der größte Platz der Stadt. Auf Anordnung Mehmeds II. wurde 1455 mit dem Bau des *Cevâhir Bedestan*, des zentralen und monumentalen Baukomplexes des Markts, begonnen, der 1460 fertiggestellt wurde. Dieser gehört (wie auch andere Teile des Bazars) zum Stiftungskomplex der Hagia Sophia. Zunächst noch ein Holzbau, wurde er im Laufe der Zeit durch einen mit 15 Kuppeln überdeckten Hallenbau ersetzt. Die Kaufleute wurden im Inneren in überwölbten Räumen, die in die Außenwände eingelassen waren (sog. *Dolap*), untergebracht bzw. hatten Holzstände, wo sie ihre Produkte feilboten. Hier wurden ursprünglich nur die hochwertigsten Waren gehandelt. In unmittelbarer Näher war auf Erlass des Sultans der Sklavenhandel angesiedelt. Schnell entwickelten sich zahlreiche Läden rund um den Bedestan, die allmählich ebenfalls überdacht wurden. Die gesamte Anlage wurde mit Toren versehen und konnte so des Nachts verschlossen werden.

Im Jahr 1515 fielen Teile des Bazars den Flammen zum Opfer. Von Süleyman I. wurde 1545 nur wenig entfernt ein weiteres Marktgebäude errichtet, das heute »*Sandalı-Bedestan*« genannt wird, mit einem aus 20 Kuppeln bestehenden Dach – begonnen vermutlich schon unter Mehmed II. Im Laufe des 17. Jhs. stieg die Zahl der Brände dramatisch, was sicherlich in direktem Zusammenhang mit der zunehmenden Bebauungsdichte stand. Ein verheerender Brand 1701 machte dann eine komplette Neuplanung nötig. Die führenden Kaufleute und Politiker beschlossen, den Markt von Edirne zum Vorbild für einen überdachten Bazar zu nehmen. Nach anfänglichen Schwierigkeiten aufgrund der etwas schleppenden Ziegelproduktion wurde das Vorhaben den-

Zum großen Warenangebot des Bazars gehört Krimskrams für Touristen …

… aber auch gutes Tuch.

T.C.
KAPALI ÇARŞI
ZEKİ

noch zügig vorangetrieben. Durch den Großwesir Damad Ibrahim Paşa wurden 1730 ganze Bereiche neu errichtet. Bereits ab 1696 galten Bauvorschriften, durch die der Brandschutz verbessert werden sollte, nach denen offenbar schon Anfang des 18. Jhs. die Bereiche um die beiden Bedestane herum überwölbt wurden. Dennoch kam es auch in den folgenden Jahrzehnten immer wieder zu zerstörerischen Bränden. Auch von den häufig auftretenden Erdbeben (so etwa 1766) blieb die Markthalle nicht verschont. Weite Teile wurden 1894 stark beschädigt.

Die verschließbaren Tore des Bedestan sorgten schon früh dafür, dass nicht nur die teuren Waren auch nachts sicher aufbewahrt werden konnten, sondern führten ebenso dazu, dass den Kaufleuten Geld und Dokumente zur Aufbewahrung anvertraut wurden. Nicht zuletzt deshalb galten die Kaufleute, die in der Markthalle angesiedelt waren, als Elite der Handel treibenden Zunft. Sicherheit spielt auch heute eine mindestens so große Rolle wie in vergangenen Tagen. An den Eingangstoren sind tagsüber Sicherheitsbeamte postiert und nachts wird der Bazar von Polizei und Wachdienst mit Hunden bewacht. Inzwischen hat auch die Videoüberwachung in den Gassen Einzug gehalten: fortschrittliche Technik, die dem traditionellen Ambiente seinen Reiz nicht nehmen kann.

Bunte Tücher in allen Farben warten auf Käuferinnen.

# Murad Paşa-Moschee

## Gotteshaus eines Konvertiten

Die Murad Paşa-Moschee ist eine der ältesten Moscheen Istanbuls.

Einer der ältesten von Anfang an als Moschee konzipierten Sakralbauten ist die im Stadtteil Aksaray gelegene Murad Paşa-Moschee, die sich mit ihrem T-förmigen Grundriss und dem horizontal rot-weiß gebänderten Äußeren an die etwas früher entstandenen Moscheen von Bursa anlehnt.

Der aus dem Palaiologenhause – der letzten Kaiserdynastie des Byzantinischen Reichs – stammende Hassan Murad Paşa (1465–1471) gab im Jahr 1466 den Auftrag zur Ausführung des Baus mit Medrese, Imaret (Armenküche) sowie dem Doppelbad *Aksaray Çifte Hamamı*. Als Konvertit brachte er es bis zum Wesir und gehörte zu den Günstlingen des Sultans Mehmed II. Fâtih. Dem Betsaal der Moschee vorgelagert ist eine Vorhalle, deren Gewölbe mit seinen fünf Kuppeln von wiederverwendeten antiken Säulen getragen wird. Vergleicht man die Kuppelornamente im Inneren des Gebäudes und die geschlossene, nur mit wenigen Fenstern durchbrochene Form, wird deutlich, welche enorme, sprunghafte Entwicklung einige Jahre später durch die größten osmanischen Architekten, insbesondere unter Sinan, vollzogen wurde. Vor dem Zentralgebäude befindet sich ein eleganter Brunnen, der im 17. Jh. von Kara Davut Paşa gestiftet wurde, dessen Grabstätte sich nahe der Moschee befindet. Im 17. und 18. Jh. wurde die Murad Paşa-Moschee mitsamt ihren angeschlossenen Gebäudeteilen und dem dichtbesiedelten Stadtgebiet von Aksaray wiederholt das Opfer von Brand- und Erdbebenkatastrophen; zudem wurde der Bau im Jahr 1640 während eines mehrtägigen Unwetters durch einen Blitzschlag schwer beschädigt. Eine grundlegende Restaurierung der Moschee erfolgte 1946, wobei sie u. a. einen neuen Mihrab sowie ein neues Minbar erhielt; wenn auch die wesentlichen Merkmalszüge der ersten osmanischen Architekturperiode bewahrt werden konnten, ging bedauerlicherweise die ursprüngliche Ornamentik des Gebäudes im Zuge der umfassenden Sanierung verloren.

Für viele westeuropäische Besucher Symbol muslimischen Glaubens: das Minarett.

# Beyazıt-Moschee

## Die älteste Sultansmoschee der Stadt

Wer sich zwischen Universität und Beyazıt-Moschee bewegt, ist sofort von unzähligen Tauben umgeben, die den Platz nicht nur deshalb bevölkern, weil sie dort von Besuchern reichlich Futter erhalten, sondern weil sie alle von einem einzigen Paar abstammen, das Sultan Beyazıt II. hier einer armen Frau abgekauft und daraufhin freigelassen hatte – so weiß zumindest der Volksmund zu berichten. Aus diesem Grund wird die Moschee umgangssprachlich auch *Güvercin Camii* (»Taubenmoschee«) genannt.

Bevor sich hier jedoch die Tauben breit machten, gehörte der ganze Bereich, in dem die Beyazıt-Moschee liegt, zum Friedhof Byzantions und bildete in späterer Zeit das Theodosius-Forum. In den ersten Jahren des 16. Jhs. ließ dann Beyazıt II., Sohn Mehmeds des Eroberers, an dieser Stelle

Der Kuppelbau der Beyazıt-Moschee aus dem frühen 17. Jh. zeigt deutliche Anklänge an die Hagia Sophia.

nach Plänen des Baumeisters Hayrettin eine Moschee errichten. Eine Inschrift über dem Portal nennt als Bauzeit die Jahre 1500 bis 1506; damit ist sie Istanbuls älteste noch heute erhaltene Sultansmoschee. Sie liegt in unmittelbarer Nachbarschaft zum heutigen Universitätsgelände, wo einst der *Eski Saray*, der alte Palast des Sultans, stand. Als Kuppelmoschee, die deutliche Anklänge an die Hagia Sophia erkennen lässt, steht sie am Beginn der klassischen Periode osmanischer Sakralbauten, die allmählich die traditionelle Hofmoschee ablösten, und ist zugleich ein Musterbeispiel klassischer osmanischer Architektur.

Mit den Tabhane (wörtl.: Gästehäuser), den kreuzförmigen Seitenräumen, lassen sich aber auch Bezüge zum frühosmanischen Gefüge des sog. Bursa-Typs (s. o.) feststellen. Die seitlich in einiger Entfernung zum Zentralraum liegenden Minarette, sind mit acht auffallenden Ziegelbändern horizontal gegliedert, eine seldschukische Tradition, auf die hier zurückgegriffen wurde. Die Bögen der Arkadengänge im quadratischen Vorhof sind ebenfalls weiß-rot unterteilt und hinterlassen zusammen mit den antiken Säulen aus rotem und grünem Porphyr, hellem Granit und schwarzem Marmor, die alle vom *forum tauri* stammen, sowie dem achtsäuligen Reinigungsbrunnen schon vor dem Betreten des Gebetsraumes beim Besucher einen bleibenden Eindruck. Zum Stiftungskomplex gehört u. a. auch ein Türbengarten, in dem Sultan Selim I. einen schlichten Grabbau für Beyazıt II., dessen Tochter Selçuk Hatun ebenso hier ihre letzte Ruhestätte gefunden hat, errichten ließ.

Taubenfüttern auf dem Beyazıt-Platz. Gegenüber der Moschee wir der Platz durch das Universitätsgelände mit seinem repräsentativen Torbau begrenzt.

Sultan Selim I.-Moschee

# Fast eine Kopie

Eine der drei großen Sultansmoscheen erhebt sich weithin sichtbar über dem Goldenen Horn und bildet, trotz ihrer Schlichtheit, einen markanten Punkt in der Silhouette Istanbuls – die Sultan Selim I.-Moschee (türk. *Sultan Selim I. Camii* bzw. *Yavuz Selim Camii*). In ihrer exponierten Lage auf dem fünften Stadthügel scheint sie geradezu über die Stadtteile Fâtih und Fener zu wachen. Da Selim I., den man sicher nicht als friedliebend bezeichnen kann, während seiner achtjährigen Herrschaft nahezu ständig in kriegerische Auseinandersetzungen verwickelt war, bei denen er u. a. Teile Persiens, Syriens und des nördlichen Zweistromlandes einnahm, blieb ihm wenig Zeit, sich um den heimischen Städtebau zu kümmern. So verwundert es kaum, dass kein einziges repräsentatives Bauwerk Istanbuls auf ihn zurückgeht, nicht einmal »seine« Moschee. Den Auftrag zum Bau der Sultan Selim I.-Moschee, die 1522 fertiggestellt war und zu einem Gesamtkomplex mit Tabhane, Schule, Armenküche, Hamam sowie Türben verschiedener hochrangiger Persönlichkeiten gehörte, erteilte sein Sohn und Nachfolger Süleyman I. Kanunî (»der Prächtige«) zu Ehren seines Vaters . Sicherlich nicht jedem erschien Selim, der den Beinamen »der Grausame« erhielt, als würdiger Nachfolger, schließlich ließ er nicht nur seine Brüder und Neffen und vermutlich seinen Vater ermorden, sondern auch in geradezu regelmäßigen Abständen seine Großwesire.

Wenngleich es sicherlich nicht angemessen wäre diesen Bau als reine Kopie zu bezeichnen, so greift der Bauplan dennoch nahezu die gesamte Konzeption der Beyazıt II.-Moschee von Edirne auf. Auffallender Unterschied ist allerdings die größere Kuppel, die dem Gesamteindruck ein Stück weit ein eigenes Gepräge gibt. Das weitläufige Ensemble von Stiftungsbauten und Moschee gilt gemeinhin als das Werk des persischen Architekten Acem Ali, was jedoch nicht gesichert ist.

Der durch starke Stützmauern umschlossene Stiftungskomplex verfügt im Ganzen über drei Zugänge; einer davon, das *Türbe Kapısı* genannte Tor, liegt im Süden, ein weiterer erschließt den Bezirk von Nordwesten her, der dritte, das *Çarşı Kapısı*, befindet sich im Westen. Der 35 × 25 m große Vorhof mit seinen von Kuppeln bedeckten Kolonnaden, den aus unterschiedlichem Marmor und Granit gearbeiteten Säulen sowie den polychromen Bögen gehört zu den attraktivsten der Stadt. In seiner Mitte befindet sich ein achteckiger, von mehreren Zypressen umrahmter Şadırvan (Brunnen) aus der Zeit Murads IV. Der quadratische, einschließlich seiner Seitentrakte 30 × 30 m messende Betsaal der Sultan Selim I.-Moschee ist entsprechend der *Kıbla* (der vom Koran vorgeschriebenen Gebetsrichtung der Muslime zur Kaaba in Mekka) ausgerichtet. Betreten wird die Moschee durch ein im Nordwesten des Baus gelegenes Portal mit einer kunstvoll ausgebildeten Muquarnas, eines Stalaktitge-

Die Architektur der Sultan Selim  .-Moschee wirkt trotz zahlreicher Kuppelüberdachungen eher sachlich und schlicht.

wölbes, im oberen Winkel des Spitzbogens. Den Hauptraum überspannt eine einzelne große, 32,50 m hohe Pendentifkuppel, deren Gewicht auf vier in das Mauerwerk integrierten Bögen lastet. Jeweils vier mehrflügelige Fenster in den Außenwänden sorgen für eine angemessene Beleuchtung des Baus; eine unmittelbar unterhalb der Kuppel umlaufende Reihe von kleineren, bunt verglasten Rundbogenfenstern scheint in erster Linie dekorativen Zwecken zu dienen. Das Mauerwerk im Innenraum ist offenliegend und weist mit Ausnahme einiger Inschriftenmedaillons, die den Namen Allahs, des Propheten Mohammed und der ersten vier »rechtgeleiteten« Kalifen tragen, kein aufwendiges Schmuckwerk auf. Kunstvolle Muquarnas dekorieren dagegen die obere Umrandung des Mihrab, die marmorne Kanzel zu ihrer Rechten zieren in roter, schwarzer und goldener Farbe hervorgehobene Arabesken. Eine verhältnismäßig große, ebenfalls aus Marmor gefertigte Sultansloge nimmt die Ostecke des Raums ein. Diese entstand um die Mitte des 16. Jhs. und war nur von außen, über einen in der nordwestlichen Gebäudemauer baulich integrierten Treppenaufgang, zugänglich.

Beidseitig an das Hauptgebäude der Sultan Selim I.-Moschee angesetzt sind die im Grundriss quadratisch angelegten Gästehäuser des Stiftungskomplexes. Jeder der beiden Gebäudeteile verfügt über neun überkuppelte Bereiche, die zusammengenommen eine kreuzförmige Zentralhalle sowie vier separate, seitlich davon abgehende Raumsegmente bilden. Zwei schlanke Minarette mit Muquarnasdekor befinden sich seitlich des vorgelagerten Hallenhofs, jeweils in direkter Verlängerung der Mittelachse der beiden Tabhane.

In dem unmittelbar südlich an die Moschee grenzenden Friedhof entstand zunächst die Türbe Sultan Selims I. Der achteckig angelegte Grabbau verfügt über einen kleinen Vorbau, dessen Pultdach von vier Säulen getragen wird. Der Innenraum ist reich mit Kacheln dekoriert, auch sind die Türen besonders kunstvoll mit Perlmutteinlagen ausgestattet. Neben diesem im Jahr 1523 errichteten Monument ließ Süleyman I. Kanunî später seine Mutter Ayşe Hafsa Sultan (1479–1534) in einer weiteren, wenn auch deutlich kleiner dimensionierten Türbe beisetzen. Dieser schräg gegenüber liegt die sog. *Sehzâedeler Türbesi*, in der die drei Söhne des Sultans Süleyman I. Kanunî – Murad, Mahmud und Abdullah – bestattet wurden. Die Türbe Sultan Abdülmecids I. wurde nordöstlich davon errichtet und ist insgesamt die jüngste Grabanlage der Nekropole.

Im Nordwesten der weitläufigen Anlage, unmittelbar im Anschluss an das *Çarşı Kapısı*, liegt die zum Stiftungskomplex des 16. Jhs. gehörige Koranschule (Mekteb). Das heute als Bibliothek genutzte Gebäude besitzt einen einzelnen überkuppelten Raum sowie einen nach Südosten gewandten Vorhallenbau; während des großen Stadtbrands im Jahr 1918 wurde der Bau teilweise zerstört. Bereits unter Şeyhülislam Ürgüplü Mustafa Hayrı Efendi (1914–1916) war die der Moschee gegenüberliegende Imaret, die Armenküche, abgerissen und durch eine Mädchenschule, die *Darülhilâfe Medresesi*, ersetzt worden.

# Şehzade-Moschee

## Die Prinzenmoschee

Ein persönlicher Schicksalsschlag des Sultans Süleyman I. Kanunî sollte, im Nachhinein betrachtet, zu einem Glücksfall für die osmanische Architekturgeschichte werden. Als der Sultan von seinem Ungarnfeldzug, während dessen er 1541 mehr als die Hälfte Ungarns unterworfen hatte, zurückkehrte, wurde er mit der Nachricht konfrontiert, dass sein Lieblingssohn Mehmed, dem die Rolle des Thronfolgers zukam, an Pocken erkrankt und gestorben war. Für den Bau einer Moschee zum Gedächtnis an seinen nur 22 Jahre alt gewordenen Sohn beauftragte er einen Architekten, der sich als Janitscharenoffizier, zuständig für Brücken- und Festungsbauten, bereits mehrfach durch seinen Ideenreichtum hervorgetan hat – Mimar Sinan (»Architekt« Sinan, ca. 1489–1588). Unter seiner Leitung entstand zwischen 1544 und 1548 die Şehzade-Moschee (»Prinzenmoschee«). Mit diesem Bau begann sowohl für Sinan als auch für die osmanische Sakralarchitektur ein neuer Abschnitt. Die Moschee war Sinans erster Großbau in Konstantinopel und gemäß seiner eigenen rückblickenden Worte sein »Lehrlingsstück«. Durch die intensive Auseinandersetzung mit der byzantinischen Sakralarchitektur und der Verschmelzung alter Gestaltungsprinzipien mit neuen Ideen entwickelte er einen Bautypus, der für ihn charakteristisch wurde und die Moscheenlandschaft der folgenden Jahrzehnte nicht nur in Konstantinopel prägte.

Im Grundriss quadratisch, verfügt der 34 × 34 m große Bau über eine im Durchmesser 18 m große und insgesamt 37 m hohe Zentralkuppel, an die sich vier Halbkuppeln mit je zwei weiteren, seitlich gelegenen Halbkuppeln anschließen. Die Dekoration des Innenraums der Şehzade-Moschee ist verhältnismäßig schlicht. Lediglich das mit feinen geometrischen Ornamenten und Reliefs verzierte Minbar aus Marmor gehört zu den kunstvollsten seiner Art. Unmittelbar vor dem Gebäude erstreckt sich ein quadratischer Hof, dessen Grundmaße mit denjenigen der Moschee übereinstimmen, was ein lange bekanntes Schema, wie es beispielsweise auch bei der Beyazıt-Moschee zu finden ist, übernimmt. Bezüge dazu lassen sich außen auch durch die Polychromie und die Verwendung plastischer Elemente, etwa an den Minaretten, aufzeigen.

Im Gegensatz zu den meist eher in sich geschlossenen, schwerfälligeren früheren Bauten strukturierte Sinan bei der Prinzenmoschee die Baumassen durch Fenstergruppen und eine stärkere Gliederung der Flächen. Das Kuppelschema der Hagia Sophia erweiterte er, indem er die Hauptkuppel mit

Dass ein »Lehrlingsstück« durchaus ein »meisterhaftes« Werk sein kann, zeigt die Prinzenmoschee des Architekten Sinan.

vier Halbkuppeln umgab. Dadurch gelang es ihm, das lange bekannte und vor Sinan schon unzählige Male umgesetzte Prinzip der Einraummoschee mit einer Kuppel, die einen quadratischen Raum überspann, nach allen Seiten hin auszubauen. So vermied er eine Einteilung des Innenraums durch Zentralraum und abgegrenzte Seitenräume. Sicherlich darf man, ohne allzu viel Widerspruch fürchten zu müssen, diese Moschee als eine der schönsten Istanbuls bezeichnen, die sich auch dadurch auszeichnet, dass kleinteiliges, zu einer optischen Unruhe führendes Dekorationswerk konsequent vermieden wurde.

In der Mitte des Moscheehofs, der von mit Kuppeln bedeckten Kolonnaden umgeben ist, befindet sich ein wohl aus der Zeit von Murad IV. stammender Şadırvan zur Verrichtung der rituellen Waschungen.

Im Laufe des 16. und 17. Jhs. entstanden in nächster Umgebung der Moschee die üblichen, sich zu einem funktionalen Komplex ergänzenden Bauten, wie beispielsweise eine Koranschule, eine Armenküche sowie ein Tabhane. Im Garten der Moschee befinden sich mehrere Grabbauten, von denen die Türbe des Şehzade Mehmed aus dem Jahr 1543 die größte und bei weitem am kunstvollsten gestaltete ist: Über einem achteckigen Grundriss erhebt sich ein mehrfarbiges Steinmauerwerk, das durch Fenster mit Terrakottalaibungen durchbrochen ist. Apfelgrüne und zitronengelbe Iznik-Kacheln bedecken die Wände des Innenraums, in dem sich ein mit Elfenbeinintarsien versehener Baldachin über dem eigentlichen Grabmal befindet. In der zweiten Hälfte des 16. Jhs. anzusetzen ist der Bau der ebenfalls im Inneren reich mit Fliesen dekorierten Türbe des Großwesirs Rüstem Paşa (ca. 1500–1561). Wenig später entstanden die Grabmale des Şehzade Mahmut, eines Sohns Mehmeds III. (1595–1603), der Hatice Sultan, Tochter von Murad III., sowie der Fatma Sultan. 1603 wurde durch den Baumeister Ahmet Ağa eine Türbe für den im Jahr 1601 verstorbenen Schwiegersohn Murads III. und den Großwesir Damad Ibrahim Paşa errichtet. Aus der Zeit um 1614 stammt das Grabmal des zweimaligen Kaymakams und Wesirs Destari Mustafa Paşa.

m Garten der Moschee stehen neben der Prinzentürbe weitere Grabbauten, darunter diejenigen zweier Großwesire Süleymans .

# Sultan Süleyman-Moschee

## Mörtel »deluxe«

Über dem historischen Zentrum Istanbuls, an seiner höchsten Stelle, dort wo einst Mehmed II. den ersten *Saray* (Palast) gegründet hatte, beherrscht unangefochten die mächtige Sultan Süleyman-Moschee (türk. *Süleymaniye*) das Stadtbild.

Teile des Grundstücks waren nach einem Brand 1540 für den Bau der *Süleymaniye* frei geworden, wofür noch zusätzlich das Gelände durch Terrassierung erweitert wurde. Federführend für den zwischen 1550 und 1557 errichteten Stiftungskomplex mit Moschee, vier Medresen, einer Schule, Spitälern, Imaret, Tabhane, Bad sowie Türben war der Architekt Sinan, der mit der zuvor errichteten Prinzenmoschee (s. S. 98 ff.) die neue Richtung im Moscheenbau vorgegeben hatte. Stifter der Külliye war wiederum Süleyman I. Kanunî, der sich zum Zeitpunkt der Errichtung auf dem Höhepunkt seiner Herrschaft befand und die Ausdehnung des Osmanischen Reichs am größten war. Er setzte sich mit dieser Moschee ein eigenes, alles andere bei weitem übertreffendes, Denkmal. Wenn der Hofarchitekt Sinan die von ihm wenige Jahre zuvor entworfene Şehzade-Moschee als sein »Lehrlingsstück« bezeichnete, so muss die *Süleymaniye* zweifellos als sein »Meisterstück« innerhalb Istanbuls gelten.

Der gesamte Bauablauf der Külliye ist heute ungewöhnlich gut nachvollziehbar, da sich fast 3000 Seiten mit Lohnabrechnungen sowie viele Dokumente zur Materialbeschaffung erhalten haben. Demnach waren am Bau der Anlage fast die Hälfte aller Beschäftigten freie Handwerker, die aus vielen Teilen des Reichs kamen, wovon Muslime und Christen in etwa den gleichen Anteil ausmachten. Als Hilfsarbeiter wurden zahlreiche Angehörige des Janitscharen-Korps rekrutiert sowie einige Sklaven eingesetzt. Zunächst ging der Bau jedoch nicht ganz so zügig vonstatten wie vom Sultan gewünscht, da das Gelände erst mit Substruktionen aufwendig befestigt und das Bodenniveau angeglichen werden musste. Diese Terrassierungsarbeiten hatten zur Folge, dass die zur Stiftung gehörenden Bauten nicht, wie man dies bei anderen Beispielen kennt, um die Moschee angeordnet sind, sondern sich auf unterschiedlichen Ebenen unregelmäßig verteilen. Der Hof, in dem das zentrale Bauwerk liegt, ist mit Mauern eingefasst. Der Moschee vorgelagert ist ein großer Narthex mit je einem Minarett an jeder der vier Ecken, wovon die vordersten, dem Hofportal zugewandten, mit zwei Şerefe (Balkone), niedriger sind als die dem Betsaal zugewandten. Dazwischen liegt das dreigeschossige Hauptportal, das über einen breiten Treppenzugang zu erreichen ist. Im Narthex steht zentral ein dekorativer Şardırvan, der jedoch funktionslos ist; die Reinigungsanlagen befinden sich heute entlang der Südwestseite des Betsaales.

Die Kosten, die dieser Bau verschlang, waren enorm und wurden, so berichtete später Evliya Çelebi, mittels der Beute aus den Feldzügen gegen Rhodos, Malta und Belgrad gedeckt. Das Baumaterial stammte z. T. aus dem gesamten

Der aufwendige Bau des Süleymaniye-Komplexes durch den Hofarchitekten Sinan verursachte ehebliche Kosten, die teilweise durch Kriegsbeute gedeckt wurden.

Reichsgebiet, aber wurde auch aus der Stadt (als Spolien) herangeschafft; so stammen vier Säulen im Inneren, gemäß der kurzen Biografie Sinans, z. B. aus Alexandria, aus Baalbek (heute Libanon), vom Augusteion und vom Hippodrom.

Die Dachkonzeption entwickelte Sinan erneut aus der der Hagia Sophia, während sich im Inneren die seitlichen Räume durch weite, von Säulen getragene Bögen zum Hauptraum hin öffnen und diesen dadurch erweitern. Bis ins 19. Jh. hinein diente das Obergeschoss der Moschee Reisenden dazu, ihren Besitz sicher einzulagern. Um eine Stiftung dieses Ausmaßes zu finanzieren, deren Verwaltung etwa 500 Bediensteter bedurfte, erforderte es erheblicher Geldmittel. Hierzu dienten der *Süleymaniye Külliye* Einkünfte aus Besitzungen des Reiches wie Chios, Rhodos und Kos, aber auch Mieteinnahmen der vielen Läden und Werkstätten, die im Untergeschoss der Medresen untergebracht waren. Hinter der Moschee befindet sich die achteckige Türbe Süleymans, die zwar bereits seit 1553 geplant war, jedoch erst nach dem Tod des Sultans im Jahre 1566 durch seinen Sohn Selim II. errichtet wurde. Der prachtvolle Grabbau besitzt einen äußeren Säulenumgang, im Inneren fallen rote Porphyrsäulen auf und die Wände sind mit wundervollen Iznik-Kacheln verziert. Die Kuppel der Türbe ist mit Leder überzogen, auf dem Edelsteine angebracht wurden. Später fanden in ihr auch die Sultane Süleyman II. (1687–1691) und Ahmed II. (1691–1695) ihre letzte Ruhestätte. Nördlich der Moschee errichtete Sinan seine eigene, sehr bescheidene Grabstätte sowie ein Sebil (Wasserspender).

Im Juli 1660 wurden bei einem Stadtbrand weite Bereiche des Gebiets unterhalb der Moschee zerstört, und auch einige Randbauten der *Süleymaniye* wurden in Mitleidenschaft gezogen. Die Hitze brachte dabei die Dächer der Minarette, die aus Blei bestanden, zum Schmelzen.

Das schwere Erdbeben von 1766 setzte auch der Sultan Süleyman-Moschee zu, woraufhin Renovierungsmaßnahmen notwendig waren. Auch im 19. Jh. nahm sie nochmals Schaden; als 1808 beim Janitscharenaufstand das *Ağa kapısı* (»Haus des Kommandanten«) vom Goldenen Horn aus beschossen wurde, wurden dabei auch die Minarette beschädigt. Mitte des 19. Jhs. verloren die Hospitäler und die Medizin-

Der Hofarchitekt Sinan starb im Jahr 1588. Er wurde am nördlichen Rande der Külliye in einer schlichten, von ihm selbst entworfenen, Türbe beigesetzt.

schule ihre Funktion, nachdem neue Krankenhäuser gebaut worden waren. Eine deutliche Veränderung erfuhr im Jahr 1869 der Innenraum, als die Moschee neu ausgemalt und mit Schriftfeldern versehen wurde.

Als Gotteshaus hatte die *Süleymaniye* 1913 ausgedient, als sie in ein Museum umgewandelt wurde. Während des Ersten Weltkrieges wurde der Narthex für militärische Zwecke genutzt und dabei durch einen Brand beschädigt. Die Renovierungsarbeiten, die 1959 begannen, dauerten zehn Jahre, wobei auch die Bemalung des 19. Jhs. beseitigt und der ursprüngliche Schmuck teilweise wieder freigelegt wurde.

Über das faktisch Nachvollziehbare hinaus ist bei diesem großartigen Bauwerk naturgemäß noch weit mehr »bekannt«. So soll jedem Bauteil hinsichtlich Anzahl und Anordnung eine symbolische Bedeutung zukommen. Die vier Minarette mit ihren insgesamt zehn Balkonen etwa symbolisieren, dass der Bauherr der vierte Sultan Konstantinopels und der zehnte Herrscher der Osmanen war. Als verletzende Anmaßung muss Süleyman das Verhalten des Schahs von Persien empfunden haben: dieser hatte ihm, als es zu Bauverzögerungen kam, als Anspielung, Süleyman sei pleite, angeblich eine Schatulle mit Edelsteinen geschickt, damit dieser sie zum Bau der Moschee benütze. Dieser Empfehlung sei Süleyman prompt nachgekommen, wenngleich wohl nicht im Sinne des Absenders, sondern wörtlich, indem er die Steine in den Mörtel werfen ließ, der für den Bau eines Minaretts verwendet wurde.

Nach einer anderen Erzählung hat Sinan, Wasserpfeife rauchend, nach dem Blubbern der Pfeife seine Anweisungen gegeben und die Steine der Kuppel nach Gehör versetzen lassen – je großartiger die Bauten, umso abenteuerlicher (aber auch unterhaltsamer) die Legenden …

Ein ehemaliges Wirtschaftsgebäude der Moschee wird heute als Kaffeehaus genutzt.

# Rüstem Paşa-Moschee

## Anmutige Verschwendung

Inmitten des Häusergewirrs im Stadtteil Eminönü scheint sich die Rüstem Paşa-Moschee nur mühsam über die umgebende Dächerlandschaft emporzurecken. Erst von größerer Entfernung betrachtet, zeichnen sich am Ausgang des Goldenen Horns die Umrisse von Kuppel und Minarett eines weiteren Werks des Architekten Sinan ab. Auftraggeber war der Schwiegersohn Süleymans I., der aus Sarajevo stammende Großwesir Rüstem Paşa. Sie entstand in nur zwei Jahren zwischen 1561 und 1563, nach dem Tod des Stifters, der sie vermutlich nicht derart prächtig hätte ausstatten lassen, da er als ausgesprochener Geizhals galt. Laut Inschrift zeichnete seine Witwe Mihrimah gemeinsam mit seiner Schwiegermutter Haseki Hürrem dafür verantwortlich.

Errichtet wurde sie auf einem künstlich angelegten Podest, das in seinem Untergeschoss Platz für Läden, Lagerräume und Handwerksbetriebe bot und somit nicht nur das statische, sondern durch seine Mieteinnahmen auch das finanzielle Fundament des Komplexes darstellte. Der imposante, in seinem Grundriss achteckige Bau wurde von Sinan nach dem sog. Achtstützensystem konzipiert, bei dem die Haupt- und die vier Nebenkuppeln auf vier freistehenden Säulen sowie vier in die Wand eingelassenen Stützen ruhen. Durch diese Konstruktion entstand ein großer, nahezu freier Kuppelraum.

Die großartige Raumkonzeption, die Sinan hier entwickelte, erscheint heute jedoch fast nebensächlich, da man als Besucher zunächst von der Pracht der Wanddekoration, die sich geradezu verschwenderisch entfaltet, überwältigt ist. Die

Sowohl geometrisch als auch floral gestaltete Kacheln machen die Rüstem Paşa-Moschee zu einem der bezaubendsten Gotteshäuser Istanbuls.

Fassade der Moschee ist mit wertvollen Iznik-Kacheln und anderen Fliesen aus dem 16. Jh. verkleidet, wobei bei genauerer Betrachtung dieser ornamentalen Gestaltung neben dem Eingang eine Kachel mit der Darstellung der Kaaba von Mekka auffällt. Auch im Inneren bedecken kostbarste Iznik-Kacheln vollständig die Wände und Pfeiler bis zur Emporenzone hinauf. Ein unglaublicher Reichtum an komplizierten Ornamenten, verschiedenen Blumen, von denen Tulpen, Nelken und Margeriten einen herausragenden Platz einnehmen; alleine die Tulpen sind mit mehr als 100 verschiedenen Typen vertreten. Während anfänglich noch die geometrischen, rein ornamentalen Muster vorherrschten, hielt hier das florale Dekor mit leuchtenden Blau- und Rottönen sowie klarem Weiß Einzug. Dies markiert zweifellos den Höhepunkt der osmanischen Kachelkunst und macht die Rüstem Paşa-Moschee zu einer der anmutigsten Moscheen der Stadt.

Schon während der Errichtung der Rüstem Paşa-Moschee standen die Häuser hier dicht gedrängt, so dass der Architekt Sinan eine kompakte Lösung für den Bau finden musste.

Zal Mahmut Paşa-Moschee

# Quergestreift

Zal Mahmut Paşa, der vom Hofdiener zum Generalgouverneur Anatoliens (türk. *Anadolu Beğlerbeği*) aufstieg und danach unter Selim II. zu dessen Wesir und zugleich Schwiegersohn wurde, gab dem Architekten Sinan den Auftrag zum Bau dieser äußerlich eigenwillig gestalteten Moschee am Haliç. Sie befindet sich im Stadtteil Eyüp, wurde vermutlich zwischen 1572 und 1580 errichtet und gehört zu einem Gesamtkomplex, der aus zwei Medresen sowie einer Türbe für den Stifter und seine Gemahlin besteht. Der in sich geschlossen wirkende Bau ist die größte und konzeptionell sicherlich interessanteste Moschee in diesem Viertel und eine architektonische Besonderheit. Betrachtet man das Gebäude von Außen, erscheint die Kuppel im Vergleich zu anderen Bauten Sinans vergleichsweise flach. Kleine achteckige Türmchen an den Ecken des Kubus wirken ein wenig wie Applikationen und die mit vier Fensterreihen durchbrochene Fassade weist ein Streifenmuster auf, das durch ein Wechselspiel von Stein- und Ziegelsteinbändern entsteht. Die scheinbar flache Kuppel ist, wie beim Betreten der Moschee deutlich wird, in den Innenraum abgesenkt und ruht dort auf Bögen, die schon auf Höhe der Galerie beginnen – eine höchst ungewöhnliche Lösung. Das Äußere erweckt mit seinen vier Fensterreihen und seinem massiven Kubus eher den Anschein eines Palastes als eines Sakralbaus. Insbesondere die Nordseite wirkt besonders hoch, da sie sich an einem Hang auf einer Gewölbesubstruktion erhebt, in der sich die Räume einer der Medresen befinden. Der Innenraum wird durch ein stattliches fünfbogiges Portal betreten, dessen hölzerne Torflügel mit feinen Einlegearbeiten verziert sind. Die Galerie wird von einer schweren Bogenkonstruktion getragen und schließt den Gebetsraum auf drei Seiten ein. Dem etwas schwer wirkenden Inneren verleihen die zahlreichen Fenster dennoch ein ausgesprochen helles Ambiente. Zu den reizvollsten Marmorarbeiten in dieser Moschee gehören Mihrab und Minbar.

Auch die beiden Medresen wurden sowohl aus Naturstein als auch aus Ziegelstein errichtet, wobei die eine sich auf drei Seiten um den Haupthof erstreckt und die andere zwei Seiten des tiefer gelegenen Türbegartens einschließt. Beide sind sehr malerisch und unregelmäßig gestaltet. Die höher gelegene Medrese besteht im Süden aus einem Gebäude ohne Portikus, kommt in ihrer Gestaltung eher einer Armenküche gleich und mag ursprünglich vielleicht auch diesem Zweck gedient haben; der Hörsaal wurde nicht zentral angelegt, sondern befindet sich versetzt im nördlichen Teil des Gebäudes. Was den Architekten zu dieser ungewöhnlichen Konzeption veranlasst hat, lässt sich heute nicht mehr sagen, doch bietet sie auch dem ungeübten Laienblick eine erfrischende Abwechslung in der Moscheenlandschaft.

In der nordöstlichen Ecke führt ein langer Treppenabgang hinunter zum Türbegarten, wo sich das achteckige Grabmal befindet, in dem Zal und seine Gemahlin Şah Sultan ihre letzte Ruhestätte gefunden haben – diese jedoch entspricht den baulichen Konventionen der Zeit.

Für die Zal Mahmut Paşa-Moschee wählte Sinan eine sehr untypische architektonische Lösung.

Atik Valide Camii

# Vom Harem zur Macht

Die mächtigste Rolle im Osmanischen Reich fiel stets dem Sultan zu – so sollte man zumindest meinen und so stellte es sich auch in der Öffentlichkeit dar. Hinter verschlossenen Türen konnte dies jedoch ganz anders aussehen. Eine der mächtigsten Frauen der osmanischen Geschichte war die Gattin des Sultan Selim II., die diesbezüglich ihrer Schwiegermutter, deren Einfluss ebenfalls beachtlich war, kaum in etwas nachstand.

Nûr Bânû kam als Tochter einer adligen venezianischen Familie auf Paros, einer kleinen Ägäis-Insel, zur Welt. Als Kind wurde sie von einem osmanischen Admiral namens Barbaros Efendi als Kriegsgefangene verschleppt und kam im Alter von zwölf Jahren in den Harem des Topkapı-Palasts, wo sie, wie andere Mädchen auch, erzogen und ausgebildet wurde. Hierbei fiel sie Roxelane Hürrem Sultan, der vierten Frau Süleymans I., aufgrund ihrer Fähigkeiten und Intelligenz auf. Daraufhin wurde sie zur Ausbildung nach Manissa geschickt, wo Hürrem Sultan sie Jahre später als hübsche Frau wiedertraf. Sie beschloss, die junge Frau müsse unbedingt mit einem ihrer Söhne verheiratet werden. Als sie die große Liebe von Selim II. wurde, gebar sie ihm als Einzige Kinder und wurde eine der einflussreichsten Frauen der osmanischen Geschichte – sowohl während der Herrschaft ihres Gatten, als auch während der ihres Sohnes Murad III. In den Jahren zwischen 1570 und 1579 ließ sie einen Stiftungskomplex mit Moschee, Medresse, Mektep (Grundschule), Imaret, Darülkurra (Koranschule), Hospital sowie einem Doppelbad und einem großen Han errichten, der heute zu den größten und wohl interessantesten gehört. Dem Bau, auf den Höhen oberhalb von Üsküdar gelegen, schien bereits eine langjährige Planung, die die Hanglage zu berücksichtigen hatte, ab etwa 1570 vorausgegangen zu sein. Wie bei zahlreichen anderen Moscheen zeichnete auch hierfür der Architekt Sinan verantwortlich und es entstand ein Komplex, der nach der *Süleymaniye* sein zweitgrößter in der Stadt wurde. Tatsächlich fertiggestellt wurde sie gemäß den Inschriften im Jahre 1583. Die *Atik Valide Camii* (»Moschee der Sultanmutter«), auch *Eski Valide Camii* genannt, ist ein querrechteckiger Bau, der von einer Hauptkuppel auf sechseckigen Stützen überwölbt wird. Dieser folgen auf zwei gegenüberliegenden Seiten jeweils zwei kleinere Kuppeln. Der vorgelagerte Hof ist auf allen Seiten von offenen Hallen umgeben. Von diesem führt ein mittig angelegter Treppenabgang hinunter zu einer dreiflügeligen Medresse. Weitere zum Stiftungskomplex gehörende Gebäude liegen westlich und östlich an den Hängen.

Im 18. Jh. wurde die Moschee zum Teil perspektivisch ausgemalt, wodurch eine malerische Raumerweiterung entstand. Nach Restaurierungsmaßnahmen im frühen 20. Jh. werden die einzelnen Gebäude nun zu unterschiedlichen Zwecken neu genutzt.

Nur wenige Touristen finden den Weg auf die asiatische Seite zum zweitgrößten Stiftungskomplex, den der Architekt Sinan in der Stadt errichtete.

# Cerrah Paşa-Moschee

## Stiftung des Palastarztes

Die Spuren des größten osmanischen Architekten, Sinan, sind überall in der Stadt zu finden. Aber er vermittelte sein Wissen und Können auch an seine Schüler weiter und wirkte damit städtebaulich noch weit über seinen Tod 1588 hinaus; so z. B. auch in einer anmutigen kleinen, am Hang gelegenen Moschee südwestlich des heute als *Aksaray Meydanı* bezeichneten Platzes, die der Baumeister Davut Ağa konzipierte. Laut einer Bauinschrift über dem Portal aus dem Jahr 1593 veranlasste Cerrah Mehmed Paşa den Bau des Gotteshauses sowie weiterer kleinerer Bauwerke.

Die sich über einem Sechseck entwickelnde Hauptkuppel ruht auf einem Unterbau, der durch 18 Fenster reichlich Licht ins Innere des anmutigen Baus lässt. Entlang drei Seiten des Betsaals verlaufen Emporen. Die siebenteilige Vorhalle gehörte wohl nicht zur ursprünglichen Planung und wurde allem Anschein nach etwas später errichtet, fügt sich jedoch in die Gesamtkonzeption hervorragend ein.

Der Stifter Cerra Mehmed Paşa, der in der Zeit Murads III. (1574–1595) Palastarzt und unter Mehmed III. (1595–1603) Großwesir war, wurde 1603 in der zur Stiftung gehörenden Türbe bestattet. Bei zwei Bränden – dem Stadtbrand von 1660 sowie dem sog. Cibali-Feuer 1782 – wurde auch die Moschee in Mitleidenschaft gezogen. Ein Erdbeben 1894 beschädigte den Bau wiederum erheblich, woraufhin nur noch ein Teil wiedererrichtet wurde. Das einst dazugehörende Bad wurde 1908 zum größten Teil abgerissen.

In der zierlichen Gestalt der Cerrah Paşa-Moschee lebt Sinans Werk weiter.

# Sultan Ahmed-Moschee

## Die »Blaue Moschee«

In stadtbeherrschender Lage und nahezu von jedem Punkt Istanbuls aus zu sehen, erhebt sich der gewaltige Bau der Sultan Ahmed-Moschee. Als Höhepunkt osmanischer Sakralarchitektur, Architekturwunder, »Blaue Moschee« und Superlativ in vielerlei Hinsicht bezeichnet, ist sie dominierender Teil der Stadtsilhouette und nicht zuletzt das wohl bekannteste Postkartenmotiv Istanbuls.

Unweit der Hagia Sophia, an der Südostseite des *At Meydanı,* ließ sie Sultan Ahmed I., der bereits im jugendlichen Alter von 14 Jahren den Thron bestieg, zwischen 1609 und

Nahezu von jeder Stelle Istanbuls ist die alles überragende Sultan Ahmed-Moschee zu sehen.

1616 errichten. Mit diesem Bau setzte er sich ein Denkmal, das die Hagia Sophia seiner Vorstellung nach noch bei weitem übertreffen sollte. Einst gehörte der Platz, auf dem sie steht, zum Bereich des großen Kaiserpalasts sowie des Hippodroms. Dieser verbreitete im 15. Jh. nur noch wenig seines ursprünglichen Glanzes, bis dann im 16. Jh. an dieser Stelle Paläste einiger höhergestellter Persönlichkeiten entstanden. Fünf Paläste von Wesiren wurden später von Sultan Ahmed I. nach einer, wie Evliya erwähnt, »notwendigen Enteignung« ebenso wie einige Sitzreihen der Pferderennbahn eingeebnet, so dass ab Oktober 1609 mit den ersten Ausschachtungsarbeiten für das große Vorhaben begonnen werden konnte. Auch wenn sich einige Geistliche unter Şeyhülislam Hoca Sa'düddinzâde Mehmed Çelebi Efendi hierüber mächtig empörten, wurden die Arbeiten weiter vorangetrieben und aus dem ganzen Reich Arbeitskräfte herangezogen. Die Grundsteinlegung erfolgte feierlich im darauffolgenden Februar. Nach sieben Jahren fand 1616 die Schlusssteinlegung der Yeni-Moschee, so ihr Name bis in die Mitte des 17. Jhs., statt und im Juni 1617, kurz vor Ahmeds frühem Tod, die große Einweihungszeremonie. Nach 150 Jahren hatte somit die altehrwürdige Hagia Sophia als Hauptmoschee ausgedient. Fortan wurden alle wichtigen religiösen Ereignisse, wie z. B. das Bayram-Fest, in der Sultan Ahmed-Moschee begangen, und von dort aus begannen nun auch die Pilgerzüge nach Mekka.

Verantwortlich für den Entwurf und die Ausführung des großzügig angelegten Sakralgebäudes war Sedefkâr Mehmed Ağa (1553–1625), ein Schüler von Mimar Sinan. Die Medrese, die äußere Hofmauer, das Imaret und die Türbe wurden allerdings erst unter Sultan Mustafa I., Ahmeds Bruder und Nachfolger, fertiggestellt.

Den Hof der Moschee betrat man durch ein Tor, in dem heute noch eine Kette hängt, die die Reiter daran erinnern

Die Portale zum Vorhof sind mit Stalaktitgewölben und goldenen Kalligraphien verziert.

Prächtig verziert schwebt die Hauptkuppel über den Häuptern der Gläubigen.

sollte, vom Pferd abzusteigen und die heilige Stätte zu Fuß zu betreten. Der Hof ist von einer Säulenhalle umgeben, die mit einer Vielzahl kleiner Kuppeln überdacht ist und für die antike Säulen wiederverwendet wurden. In der Mitte des Hofs steht der Şardırvan, der in diesem Fall jedoch funktionslos ist; für die rituellen Waschungen, die vor dem Gebet vollzogen werden, befinden sich Wasserhähne und Plätze entlang einer Mauer vor der Moschee.

Wie Kaskaden scheinen die in ihrer Größe abgestuften Kuppeln und Halbkuppeln nach unten zu fallen.

Aus dem Vorhof, mit einem prachtvollen Marmorbrunnen in der Mitte, gelangt man durch das von einem aufwendig gestalteten Stalaktitgewölbe gekrönte Hauptportal in den Innenraum der Moschee. Die enorme Weite des Raumes musste zweifellos damals wie heute die Besucher beeindrucken. Die besondere Gestaltung und auffallend heitere Farbgebung macht ihn zu einer atemberaubenden Schöpfung osmanischer Baukunst. Auf vier freistehenden, äußerst gewaltigen kannelierten Säulen mit einem Durchmesser von jeweils 5 m, sog. »Elefantenfüßen«, erheben sich nicht nur allein die mächtigen Tragebögen der insgesamt 43 m hohen Hauptkuppel der Moschee, sondern auch die auf unterschiedlichen Höhen sich abstützenden Bögen der vier seitlichen Räume. Diese wiederum sind von kleineren Wölbungen flankiert und von Halbkuppeln überdeckt, die sich, von außen betrachtet, wie Kaskaden nach unten abstufen. Die insgesamt 260 Fenster der Moschee waren einst alle mit venezianischem Buntglas versehen und tauchten den Raum in sphärisches Licht.

Die »Blaue Moschee« als schwarzer Schatten im Abendrot.

Der überwiegende Teil der Gewölbe- und Wandflächen ist in einer orientalischen Ausgelassenheit mit farbenprächtigen Ornamenten gestaltet, wobei die Farbe Blau den Gesamteindruck dominiert. Die im Türkischen unbekannte Bezeichnung »Blaue Mosche« leitet sich von diesem Dekor ab. Hauptsächlich auf den Galerien, entlang der unteren Wandpartien sowie in der Sultansloge sind größere Bereiche der aufwendig mit Lilien-, Tulpen- und Rosenmotiven gestalteten, meist in den Farben Grün und Blau gehaltenen Iznik-Fliesen aus dem 17. Jh. erhalten. Über 21 000 dieser Fayencen schmücken den Innenraum. Um den gigantischen Bedarf überhaupt decken zu können, wurden während der Bauzeit temporär der Verkauf von Fliesen an Privatleute sowie ihr Export verboten.

Eine auffallende Besonderheit trägt ebenfalls zur herausragenden Stellung der »Blauen Moschee« bei: Als einzige der Istanbuler Moscheen besitzt sie sechs Minarette – eine Anzahl, die eigentlich der Kaaba-Moschee in Mekka vorbehalten war. Vier Minarette mit drei verschieden hohen Umgängen befinden sich an den Ecken des Zentralgebäudes, zwei kleinere Minarette mit je zwei Umgängen ragen an den nördlichen Ecken des vorgelagerten Hofs empor und verleihen dem Bau sein charakteristisches Äußeres. Wie so oft, lässt sich auch diese Einmaligkeit mit einer verbreiteten, gerne erzählten Legende ganz einfach und plausibel erklären. Demnach soll Ahmed seinen Baumeister beauftragt haben, die vorgesehenen Minarette (anstatt nur aus Stein) aus Gold zu errichten – und dies ungeachtet der ohnehin äußerst angespannten finanziellen Lage des Staates. Um dem Sultan nicht widersprechen zu müssen und seinen Zorn auf sich zu ziehen, dennoch aber diese maßlose Forderung einigermaßen unbeschadet zu umgehen, bemühte Sedefkâr Mehmed Ağa sich einer sprachlichen Spitzfindigkeit: Er gab vor, anstelle von »golden« (türk. *altın*) »sechs« (türk. *altı*) verstanden zu haben und errichtete somit als die »günstigere Variante« sechs Minarette. Hierfür wiederum gab es seitens Mekka wenig Verständnis, und Sultan Ahmed konnte diese Anmaßung nur wiedergutmachen, indem er der heiligen Moschee in Mekka ein weiteres Minarett stiftete …

Bei weitem nicht so unterhaltsam, aber vermutlich der Wahrheit näher kommend, dürfte man den Grund eher in einer gestalterischen Idee suchen. So wird der Vorhof optisch durch die beiden flankierenden Minarette besser in den Gesamtkomplex eingebunden und betont damit noch deutlicher die Monumentalität der Anlage.

Zum Gesamtkomplex der Külliye gehören auch Stiftungsgebäude wie ein Hospital, die Medrese, Armenküche, ein Bazar sowie die erst 1620 fertiggestellte Sultanstürbe, in der Ahmed I., seine 1652 ermordete Gemahlin Kösem sowie seine drei Söhne Osman II., Murad IV. und Prinz Beyazıt ruhen.

Während andere Bauten häufig im 17. und 18. Jh. durch Stadtbrände beschädigt oder zerstört wurden, blieb die »Blaue Moschee« aufgrund ihrer exponierten Lage weitgehend verschont und ist uns somit auch weitestgehend im Originalzustand erhalten und wird neben den Gläubigen von Abertausenden Besuchern bewundert.

# Topkapı-Palast

## Zu Hause in 1001 Nacht

Hingebungsvolle Schönheiten in farbenprächtigen Gewändern, besetzt mit Edelsteinen und Perlen, verschwenderischer Luxus allenthalben, Müßiggang am Wasser und ein von der Außenwelt abgeschlossener Bereich voll unergründbarer Geheimnisse – der Topkapı-Palast (türk. *Topkapı Sarayı*, wörtl. »Kanonentorpalast«) regt seit Jahrhunderten die Fantasie an und führte auch bei der osmanischen Bevölkerung zu phantastischen Spekulationen. Einiges davon mag zutreffen, manches wiederum wird aus eigenen Sehnsüchten entstanden sein und anderes ist weit nüchterner als man es sich vorstellt.

So diente der Topkapı-Palast mehrere Jahrhunderte lang den türkischen Sultanen als Wohn- und Regierungssitz und war Zentrum der osmanischen Weltmacht. Von hier aus wurden die Reichsgeschäfte geführt, der Verwaltungsapparat ausgebildet, und hier waren die weithin gefürchteten Janitscharen-Elitetruppen untergebracht. Tatsächlich aber zeugt der Palast wie kaum ein anderes Bauwerk vom schier unermesslichen Reichtum der ehemaligen Herrscher. Nur die edelsten Baumaterialen, die kostbarsten Teppiche und das teuerste Mobiliar wurden zur Ausstattung verwendet, zudem tonnenweise Gold verarbeitet. Den Bau der überaus weitläufigen Anlage veranlasste Mehmed II. Fâtih bereits bald nach der Errichtung des ersten Palasts, des *Eski Saray* (»Alter Palast«), zwischen 1465 und 1470. Der Sultan selbst und seine Nachfolger bewohnten jedoch zunächst weiterhin den Alten Palast, was sich erst änderte, als 1540/41 ein großer Brand diesen zerstörte, woraufhin der amtierende Sultan Süleyman der Prächtige (1520–1566) seinen Harem in den Topkapı-Palast verlegte.

Mit Anbindung an die bestehende Seemauer ließ Mehmed II. eine mit 28 Türmen verstärkte Mauer rund um die antike Akropolis errichten. Im Inneren der Anlage befanden sich die Gebäude der Reichsverwaltung sowie eine Schule, in der die höchsten Beamten ausgebildet wurden. Bevor sich im 18. Jh. der Name Topkapı durchsetzte, der sich von der palasteigenen Kanonengießerei ableitete, wurde die Residenz schlicht *Yeni Saray* (»Neuer Palast«) genannt. Umfangreiche Renovierungen und im Grunde ständige Erweiterungen und bauliche Ergänzungen vollendeten den Komplex erst Anfang des 18. Jhs. Als Wohnsitz für den Sultan hatte er ausgedient, als im Jahre 1856 Sultan Abdülmecid I. in die neue Residenz am Ufer des Bosporus, den Dolmabahçe-Palast, zog; die Reichsheiligtümer blieben aber weiterhin im Neuen Palast untergebracht. Als Ausdruck von Volksnähe öffnete man 1908 die Palastgärten für die Bevölkerung. Beide Paläste wurden unmittelbar nach der Gründung der Türkischen Republik in Museen umgewandelt.

In seiner Gesamtheit bildet der Topkapı-Palast zwar einen nach außen hin abgeschlossenen Bereich, jedoch keine in sich geschlossene, systematisch konzipierte architektonische Einheit, sondern vielmehr eine lockere Streuung und Aneinanderfügung von Einzelgebäuden mit großzügigen Hof- und Gartenbereichen. Durch die im Laufe der Zeit ständig zunehmende Population des Palasts und die erweiterten Bedürfnisse des Hofstaats dehnte sich der Palast nach und nach aus. Mit einer Gesamtgrundfläche von über 70 ha und einer Einwohner- bzw. Beschäftigtenzahl von bis zu 4000 Personen (Mitte 17. Jh.) erreichte die Anlage schließlich die Ausmaße einer kleineren bis mittleren Stadt in der Stadt.

Ein wesentliches Element des Palastkomplexes bilden vier hintereinander angeordnete Höfe, die jeweils durch eigene Tore erschlossen werden und noch auf Mehmed II. zu-

Das »*Bab-ı Hümayûn*« genannte erste Palasttor besteht bereits seit Mehmet II. und bildet heute den Zugang zur Palastanlage für die Touristen.

rückgehen. Ursprünglich waren alle Bauten (wie die zahlreichen in alttürkischer Tradition errichteten Pavillons mit offenen Loggien) aus Holz. Nach den großen Bränden von 1574 und 1665 wurden sie aus Stein nachgebaut. Durch das erste Palasttor, das sog. *Bab-ı Hümayûn*, gelangte man in den Ersten Hof, in dessen seitlicher Bebauung vorwiegend Räumlichkeiten für Dienstleistungen untergebracht waren. Auf dem parkähnlichen Platz selbst wurden Paraden abgehalten, und in einer großen Zeltstadt waren die Janitscharen des Sultans untergebracht. Darüber hinaus beherbergte der Erste Hof, der für jedermann zugänglich war, ein Hospital, Arsenale und die Wirtschaftsgebäude. Heute sind von der ursprünglichen Bebauung noch ein Wasserturm sowie ein Richtblock (für die zum Tode verurteilten Würdenträger des

Einer der bezauberndsten Pavillons des Palastes ist der sog. *Bağdat Köşkü*, den Murad V. 1639 in Erinnerung an seinen erfolgreichen Bagdad-Feldzug errichten ließ.

Reichs) erhalten. Hierzu gehört auch der sog. Henkersbrunnen (*Cellat Çeşmesi*), der rechts neben dem nächsten Tor in der Mauer eingelassen ist. Bereits im 19. Jh. galt er als eine gerne bestaunte, makabre Touristenattraktion. Er diente den Scharfrichtern dazu, nach getaner Arbeit, die unmittelbar vor dem Brunnen stattfand, Schwert und Hände zu reinigen. Bevor der deutsche Kaiser Wilhelm II. 1889 das erste Mal die Stadt besuchte, ließ Abdülhamid die Anlage entfernen. Aufgestellt wurde sie an dieser Stelle erst wieder nach Gründung der Republik Türkei.

Den Zweiten Hof erreicht man durch das Mittlere Tor, das sog. *Bab-üs Selâm*. Nur dem Sultan war es gestattet, dieses Tor nicht nur zu Fuß, sondern auch hoch zu Ross zu durchqueren. Dieser Bereich diente als politisches Zentrum des Palasts und beherbergte neben zahlreichen verschiedenen Verwaltungs- und Staatsräumen den Marstall, einen Versammlungsraum, die Innere Schatzkammer, die Unterkünfte der Lanzenträger und der Leibgarde des Sultans sowie die umfangreich ausgestattete Waffenkammer. Zugänglich war er nur im dienstlichen Rahmen. Auf der Ostseite des 160 × 130 m großen Hofs war über die gesamte Länge die Palastküche untergebracht, in der etwa 1200 Köche arbeiteten, die an hohen Festtagen bis zu 6000 Mahlzeiten zubereiteten. Der langgestreckte Trakt wurde bereits unter Mehmed II. errichtet und im 16. Jh. von Sinan restauriert, der, bevor er sich dem Bau großer Moscheen widmete, militärische Anlagen und Profanbauten plante. Gemäß zeitgenössischen Quellen sollen hier auch mehrere kleine Brunnen gestanden haben und zahme Gazellen und Pfauen durch die Gartenanlagen stolziert sein. Während der Sultan anwesend war, herrschte in diesem Bereich striktes Redeverbot. Im Süden befand sich das *Meyit Kapısı*, das »Tor des Todes«, durch welches die Verstorbenen ihren letzten Weg aus dem Palast nahmen. Weithin sichtbar ist der 41 m hohe »Turm der Gerechtigkeit«, der von einem achteckigen Kegeldach gekrönt wird und von dem aus man die blutigen Hinrichtungen im Hof verfolgen konnte.

Das *Bab-üs Saade* (»Tor der Glückseligkeit«) führt in den Dritten Hof, den inneren Palastbereich. Dieser durfte nur mit ausdrücklicher Genehmigung betreten werden. Hier befand sich das *Arz Odası*, der Thron- und Audienzsaal für Empfänge der höchsten Staatsbediensteten, der Wesire und ausländischer Gäste. Auch die Inthronisierung der Sultane wurde in diesem Palastbereich vorgenommen. Zu beiden Seiten des Tors war die Palastschule untergebracht, an der der Nachwuchs für höhere Staats- und Verwaltungsberufe ausgebildet wurde. Für diese wurden aus dem gesamten Reich durch die sog. »Knabenlese« (*devşirme*) intelligente Jungen ausgesucht und in der Palastschule von weißen Eunuchen zu Beamten, Ingenieuren oder Bediensteten ausgebildet. Des Weiteren befanden sich hier ein zur Schatzkammer umgebauter Palast Mehmeds II. sowie der Harem, in dem neben den privaten Räumlichkeiten des Sultans die ehemaligen Frauengemächer untergebracht waren. Zu diesen hatten außer den Eunuchen lediglich der Sultan selbst und seine engsten Verwandten zutritt. Im Vierten Hof befanden sich weitere Parkanlagen und Gärten auf verschiedenen Terrassen sowie der 1639 von Murad IV. zur Erinnerung an die Einnahme Bagdads erbaute *Bağdat Köşkü*, ein kuppelbekrönter Prunkbau mit aufwendig dekorierten Fayencen. Diese Anlage diente in erster Linie der Entspannung und Ruhe des Sultans.

Neben den edelsten Baumaterialien wurde tonnenweise Gold im »Neuen Palast« verarbeitet.

Bis 1853 blieb der Topkapı-Palast Residenz der Sultane, dann zog Abdülmecid I. in den neu errichteten prunkvollen Dolmabahçe-Palast. Große Teile des Dritten Hofs wurden 1856 bei einem Brand zerstört. Sie wurden zwar renoviert, doch der Glanz des Palastes erlosch, und der Gebäudekomplex wurde bis um die Wende vom 19. zum 20. Jh. mehr und mehr zu einer Geisterstadt, in der nur noch wenige ältere Haremsfrauen lebten. Heute, großflächig restauriert, zeigt er das einstige Gepräge der Anlage wieder und gehört zu den meistbesuchten touristischen Attraktionen Istanbuls. Cineasten dürfte die Anlage auch aus dem Film »Topkapi« mit Melina Mercouri, Peter Ustinov und Maximilian Schell aus dem Jahre 1964 bekannt sein, bei dem es um den Raub eines wertvollen, von Sultan Mahmud I. in Auftrag gegebenen Dolches geht, der aber, entgegen aller Bemühungen der Darsteller, im Original nach wie vor hier zu besichtigen ist.

# Ägyptischer Bazar

## Düfte des Orients

Wem das Treiben auf den modernen Einkaufsmeilen Istanbuls zu westlich orientiert erscheint, tritt durch eines der sechs Tore ins dichte Gedränge des sog. Ägyptischen Bazars (türk. *Mısır Çarşısı*) und findet sich zweifellos im tiefsten Orient wieder. Eine schier endlose Zahl an Düften und Gerüchen von Gewürzen, Tees, Parfums und vielem mehr vereinen sich in den Gassen und mögen einen betören oder auch befremden, ganz bestimmt aber beeindrucken. Das traditionelle Warenangebot, nach dem der überdachte Markt auch »Gewürzbazar« genannt wird, bietet zudem noch mindestens so viele Farben und Farbschattierungen wie Aromen. So scheinen die liebevoll aufgehäuften Gewürze, Nüsse und Früchte der Händler möglichst werbewirksam um die Wette zu leuchten: rotes Paprikapulver, gelber Safran, beiger Zimt, grüner Thymian … – die Farbpalette scheint unendlich groß.

Untergebracht sind die Verkaufsstände in einem L-förmigen Gebäude, das, nachdem es bereits unter Sultan Mehmed III. begonnen worden war, 1663 im Auftrag der Mutter Sultan Mehmeds IV., Hatice Turhan, als Karawanserei fertig gestellt wurde. Der Baumeister Mustafa Ağa zeichnete für die Fertigstellung des zur Külliye der Yeni-Moschee, die sich in direkter Nachbarschaft befindet, gehörenden Baus verantwortlich. Bis ins 18. Jh. hinein konnten hier Händler Unterkunft für die Nacht finden, im Schutze der Mauern ihre Waren lagern und Geschäfte untereinander tätigen. Nachdem

Nüsse und getrocknete Früchte gehören inzwischen mit zu den Spezialitäten, die auf dem Ägyptischen Bazar angeboten werden.

sich im Laufe der Zeit der Frachtverkehr jedoch mehr und mehr aufs Wasser verlagerte, verloren die Landwege und dementsprechend die Karawansereien rasch an Bedeutung, und so wurde die aus Stein und Ziegel bestehende Halle zum Bazar umfunktioniert.

Neben den Geschäften der Händler gab es weitere, ganz offensichtlich auch notwendige Einrichtungen, die in den beiden großen Torhallen untergebracht waren: ein Gericht zur Schlichtung von Streitigkeiten zwischen den Händlern und eines für Auseinandersetzungen zwischen Händler und Käufer. Zunächst wurde der Bazar schlicht Yeni Çarşı (»Neuer Bazar«) oder auch Valide Çarşısı (»Sultanmutter-Bazar«) genannt, doch schon bald erhielt er seinen Namen, der auf die Herkunft des Warenangebots schließen lässt. Die Gewürze stammten im Wesentlichen aus China, Indien und Arabien, wurden in Ägypten zusammengebracht und von dort aus gemeinsam nach Konstantinopel verschifft, wodurch sich der Name »Ägyptischer Bazar« erklärt.

Wenngleich die heutige Auswahl durch Mode, Schmuck, Souvenirs, Obst, Nüsse, Käse und vieles mehr deutlich erweitert ist, so sind die Gewürzhändler nach wie vor vertreten und lenken das Auge auf die kunstvoll aufgeschichtete Auslage. Zudem ist der Bazar seit Jahrhunderten eine Art »Volksapotheke« und zieht die Menschen an, in der Hoffnung dort das passende Mittel für dieses oder jenes Leiden zu finden. Und in der Tat gibt es dort nahezu alles, was die Volksmedizin zu empfehlen hat; angefangen vom schmerzlindernden Naturprodukt über entzündungshemmende Essenzen bis hin zum Aphrodisiakum. Selbst Schwarzpulver – das gemäß einem weit verbreiteten Glauben gegen Hämorrhoidalleiden helfen soll – ist zu haben. Da der Verkauf wegen ständiger Explosionsgefahr inzwischen jedoch verboten ist, gibt es dieses »Wundermittel« nur noch unter dem Ladentisch …

Ton in Ton liegt die Ware kunstvoll drapiert und scheint fast zu schade, um verkauft zu werden.

# Kız Kulesi

## Wie Romeo und Julia

Grazil und wie aus einem Märchen entsprungen, erhebt sich auf einem flach aus dem Wasser ragenden Fels inmitten des Bosporus der *Kız Kulesi* (»Mädchenturm«). Er regte durch seine außergewöhnliche Lage seit jeher die Fantasie an und steht im Zentrum verschiedener Erzählungen und Legenden. So soll etwa einem Sultan von einer Wahrsagerin prophezeit worden sein, dass seine Tochter ihr Leben durch einen Schlangenbiss verlieren würde. Aus großer Sorge um die Prinzessin ließ er einen Turm bauen, in dem das Mädchen eingeschlossen wurde. Doch das Schicksal war zu keiner Zeit beeinflussbar und so gelangte, in einem Obstkorb versteckt, eine Schlange in das scheinbar sichere Bauwerk und machte die furchtbare Prophezeiung letztendlich doch noch wahr. Diese Legende, die dem Turm seinen Namen gab, nimmt dabei ein sehr beliebtes Motiv auf, das für zahlreiche andere Orte bzw. Bauwerke ebenfalls in Anspruch genommen wird und auch dort häufig namensgebend ist; so steht z. B. vor der südtürkischen Küste die *Kız Kalesi* (»Mädchenburg«), für die man sich dieselbe Legende erzählt …

Eine andere, westlichen Besuchern sicherlich geläufigere Erzählung, entstammt der griechischen Mythologie und findet sich in zahlreichen Bearbeitungen wieder, angefangen bei Vergil und Ovid über Friedrich Schiller bis hin zu einer humoristischen Version von Heinz Erhardt. Auch musikalisch wurde das Thema umgesetzt und kehrt wieder bei Georg Friedrich Händel oder in dem Volkslied »Es waren zwei Königskinder«. Eigentlich ist die Legende an den Dardanellen zu lokalisieren, doch sie wurde adaptiert und spielt nun auch am Bosporus. Demnach soll der Jüngling Leander zu seiner Geliebten Hero, die abgeschieden von ihm im Turm lebte, Abend für Abend, sobald es dunkel wurde, das Gewässer durchschwommen haben. Den Weg zur Liebsten wies ihm eine Fackel, die jedoch eines Nachts erlosch woraufhin er die Orientierung verlor und ertrank. Hero, die vergeblich auf ihren Geliebten gewartet hatte, fand ihn tags leblos am Ufer liegen und stürzte sich in ihrer Verzweiflung ebenfalls in die Fluten, um ihrem Leben ein Ende zu setzen. Daher wird der Turm häufig auch »Leanderturm« genannt.

Der wahre Grund, der Errichtung des Turms, dürfte jedoch weniger in der Liebe zu suchen sein als vielmehr in strategischen Überlegungen – und hierin scheint der kleinen Felsinsel zeitweise eine nicht zu unterschätzende Rolle zugekommen zu sein. Möglicherweise diente sie nach dem Seesieg bei Kyzikos im Jahre 410 v. Chr. durch Alkibiades als Platz einer bei Xenophon erwähnten Zollstation zur Kontrolle der Einfahrt in den Bosporus.

Mitte des 12. Jhs. wurde dann unter Manuel I. Komnenos (1143–1180) ein weithin sichtbarer Turm auf dem Fels errichtet. Zwischen ihm und einem weiteren Turm im Manganenquartier auf europäischer Seite konnte eine Sperrkette befestigt werden, um die Einfahrt von Schiffen zu verhindern. Während der Belagerung 1453 wurde der Turm von Gabriele Trevisano, dem Kapitän eines venezianischen Handelsschiffes, besetzt und später, nach der Eroberung Konstantinopels, von Mehmed II. zum Wachturm ausgebaut. Ein Erdbeben beschädigte ihn im Jahre 1509 jedoch stark. Heute finden sich noch Reste dieses Baus im Fundament des wiedererrichteten Turms, der im Laufe der Zeit auch als Leuchtturm genutzt wurde. Teile des Holzaufbaus fielen im 18. Jh. einem Feuer zu Opfer. Nach diversen Ausbesserungsarbeiten ließ der Großwesir Damad Ibrahim Paşa das Bauwerk dann komplett in steinerner Ausführung renovieren.

Die Abgeschiedenheit inmitten des Bosporus machte man sich ab 1829 zunutze, indem man den Mädchenturm zur Quarantänestation machte. Auf Geheiß des Sultans Mahmud II. (1808–1839) wurde er dann im Jahre 1832 nochmals grundlegend erneuert.

Heute gilt der restaurierte Bau als eines der schönsten und zugleich geheimnisvollsten Wahrzeichen Istanbuls. Am Tage wird er inzwischen als gemütliches Café genutzt, abends kann man bei Live-Musik gediegen speisen.

Als würde er schwimmen: Der Kız Kulesi wurde auf einem nur flach über das Wasser herausragenden Felsen errichtet.

# Sultan Ahmed III.-Brunnen

## Selbst fast ein Palast

Zweifellos sind die großen Moscheen mit ihren Stiftungsbauten die auffälligsten und meist schon von weitem sichtbaren Zeugen der hohen osmanischen Baukunst. Doch nicht minder bewundernswert, obschon in ihren Ausmaßen natürlich nicht im Geringsten zu vergleichen, sind einige auf öffentlichen Plätzen freistehende Brunnenbauten des 18. Jhs. Im Gegensatz zu den meisten der zahlreichen Wandbrunnen und Brunnen an den Straßenkreuzungen sind diese Platzbrunnen allesamt Stiftungsbauten. An ihnen lässt sich der westliche Einfluss im 18. Jh. auf die Bautätigkeit feststellen. Als herausragendes Beispiel entstand im Jahr 1728 die Brunnenanlage des Sultan Ahmed III. (türk. *Sultan Ahmed III. Çeşmesi*), die zu den Glanzstücken des osmanischen Rokoko in Istanbul zählt. Mit seinem vorspringenden, großen geschwungenen Dach und den fünf vergoldeten kleinen Kuppeln wirkt der gegenüber der Schiffsanlegestelle auf dem Iskele-Platz unmittelbar vor dem ersten Tor zum Topkapı-Palast errichtete Prachtbau im Grunde selbst wie ein kleiner Palast. Das ausladende Dach hingegen unterscheidet ihn von den übrigen Platzbrunnen, wie etwa dem Tophane-Brunnen. Die Marmorwände des im Grundriss 10 × 10 m großen Brunnenhauses sind mit üppigen polychromen Blumenornamenten – Tulpen, Rosen und Chrysanthemen – dekoriert, aufwendig gearbeitete Marmorgitter schmücken die Fenster der Erker an den Ecken, die als Seblis (wörtl. »Wege Gottes«) dienten, während die vier Röhrenbrunnen, die mittig an den Seitenwänden angebracht sind, als öffentliche Brunnen genutzt wurden. An jeder Seite des Brunnens befinden sich jeweils zwei Spitzbogennischen mit aufwendig gestalteten Muquarnas sowie ein dekorierter Trinkbrunnen, über welchen Marmorplatten mit Versen in goldener Schrift im Mauerwerk eingelassen sind. Es war üblich, die dichterischen und kalligraphischen Arbeiten unter den bekannten zeitgenössischen Dichtern auszuschreiben, woraufhin diese ihre Verse einreichten. Für den Sultan Ahmet III.-Brunnen erhielt der berühmte Kalligraph Hüseyin Seyyid Vehbi (ca. 1674–1736) den Zuschlag, der in seinen Versen den Bau mit den heiligen Brunnen in Mekka und demjenigen vergleicht, der im Paradies stehen soll. Auch der Sultan selbst soll eine kalligraphische Arbeit ausgeführt haben, die in monumentaler Größe den Besucher auffordert: »Öffne, trinke das Wasser unter Basmala (Eröffnungsformel: Im Namen des barmherzigen und gnädigen Gottes), sprich ein Gebet für Sultan Ahmet Hân!«

Mit seiner reichen Verzierung und dem geschwungenen ausladenden Dach ist der Sultan Ahmed .-Brunnen einzigartig.

# Fâtih-Moschee

## Doch der Name blieb

22. Mai 1766 – ein plötzlicher Ruck in der Erde bringt Konstantinopel zum Beben, Häuser stürzen ein, Menschen rennen auf die Gassen, retten sich oder lassen ihr Leben unter herabstürzenden Trümmern. Das Gotteshaus des Eroberers, die Fâtih-Moschee (türk. *Fâtih Camii*) fällt nahezu komplett in sich zusammen. Dies ist kein Szenario eines actionreichen Hollywoodstreifens, sondern einer jener unzähligen Momente, die die Stadt am Bosporus zu einer der erdbebengefährdetsten Städte weltweit macht. Verantwortlich hierfür ist die schlagartige Entladung der Spannung, die sich zwischen der westwärts driftenden Anatolischen Platte und der Eurasischen Platte immer wieder aufbaut. Seit 1771 steht an dieser Stelle ein »Neubau«, der noch einige ursprünglichen Bauteile einschließt und den Namen des Vorgängerbaus weiterführt.

Dieser barocke Bau auf dem vierten Hügel der Stadt, im Stadtteil Fatih, der heute zu den frömmsten Vierteln Istanbuls gehört, blickt auf eine bewegte Vergangenheit zurück.

Bereits Mitte des 4. Jhs. war der Hügel Standort eines Sakralbaus, wo sich schon zuvor ein Zwölfgötterheiligtum befunden haben soll. Konstantin der Große plante hier den Bau einer Apostelkirche, die ihm und den Mitgliedern seiner Dynastie als Grabkirche dienen sollte. Von ihrem einstigen Aussehen ist heute nur sehr wenig bekannt, doch schrieb der Historiker Eusebius, dass es sich um einen kreuzförmig konzipierten hohen Bau gehandelt habe, mit Portiken an den vier Seiten und Mauern aus Marmor, gekrönt von einem goldenen Dach.

In der zweiten Hälfte des 6. Jhs. ließ Justinian I. die inzwischen baufällig gewordene Apostelkirche abreißen und ein neues, kreuzförmig angelegtes Gotteshaus errichten, welches im Jahre 550 geweiht wurde. Daneben ließ er zusätzlich

Nach dem Erdbeben von 1766 wurde die Fâtih-Moschee nach neuen Plänen in barockem Stil wiedererrichtet.

zu dem bereits bestehenden älteren Mausoleum einen weiteren kreuzförmigen Grabbau für sich selbst bauen. Bis zum Beginn des 11. Jhs. diente dieses Ensemble als Grabstätte der Kaiser, in der Kirche selbst fanden hingegen nur Heilige und Patriarchen ihre letzte Ruhestätte.

Unter Basileios I. erfuhr der Bau eine grundlegende Renovierung und erhielt in den darauffolgenden Jahren mehrere Nachbarkirchen und -gebäude. Das letzte Mal als Grabkirche genutzt wurde die Apostelkirche im Jahre 1028 mit der Bestattung Konstantins VIII. (1025–1028). Nicht bei jedem scheint Pietät und der Respekt vor der Totenruhe besonders ausgeprägt gewesen zu sein. So schreckte Alexios III. im Jahr

Zum Stiftungskomplex gehört neben anderen Gebäudeteilen auch eine Mederese.

1197 nicht davor zurück, die Kaisergräber zu schänden und zu plündern, um die leeren Kassen wieder zu füllen.

Auch während der Lateinerherrschaft wurde die Kirche ausgiebig geplündert und später neuerlich als Grabstätte genutzt. Nach der Eroberung Konstantinopels 1453 war die Apostelkirche bereits soweit baufällig, dass sie Mehmed II. 1462 abbrechen ließ und stattdessen auf dem etwa 11 ha großen Gelände einen Stiftungskomplex errichtete. Die Mittelachse des Ganzen bildeten dabei eine große Moschee sowie die Türben für den Herrscher und seine Gattin. Dieses Gefüge aus Moschee, Medrese, Daruşşifa (Krankenhaus), Hamam, Markt, Bibliothek und Türben war die erste Stiftung des neuen Herrschers in Konstantinopel nach dessen Eroberung.

Im 16. und 17. Jh. kam es immer wieder zu starken Schäden an den Gebäuden (u. a. bei einem schweren Erdbeben 1509), Kuppeln stürzten ein und Säulen wurden beschädigt. 1633 fiel ein Minarett dem großen Stadtbrand zum Opfer; 1690 stürzten gleich mehrere Kuppeln ein, bis dann das Erdbeben von 1766 das Ende der Moschee bedeutete und Medrese und Stiftertürbe stark in Mitleidenschaft gezogen wurden. Im darauffolgenden Jahr fand der Wiederaufbau unter Mustafa II. durch den Architekten Mehmed Tahir Ağa statt, in der uns heute bekannten und zum Vorgängerbau deutlich veränderten und barockisierenden Form. Dennoch wurden der Hofbereich, die unteren Bereiche des Hauptportals und die Minarette in unveränderter Form in die neue Planung miteinbezogen. Mit seiner Kuppelkonzeption – große Hauptkuppel, an die vier kleinere Kuppeln anschließen, welche wiederum von Rundformen gesäumt sind – scheint sie dem Entwurf der Sultan Ahmet-Moschee zu folgen.

1771 konnten die Arbeiten zum Abschluss gebracht werden. Im Vorhof ist noch der Reinigungsbrunnen aus der Zeit Mehmeds II. erhalten geblieben, dessen Säulen wiederum Spolien der alten Apostelkirche sind. Im 19. Jh. wurden die Minarette erhöht, und sie erhielten jeweils eine zusätzliche Galerie.

Zugang zur Külliye.

# Tophane

## Kunst und Kanonen

Blickt man sich inmitten all der modernen Kunstobjekte um, erinnert einen nur wenig daran, dass man sich im *Tophane* (eigtl. *Tophane-i Amire*), einem Zeughaus des 15. Jhs., befindet, das einem ganzen Viertel im Stadtteil Beyoğlu direkt am Bosporus den Namen gab. In diesem Teil der Stadt war das älteste Industriegebiet Istanbuls und zudem das wichtigste seiner Art im ganzen Osmanischen Reich angesiedelt. Produziert wurde hier ausschließlich für das Militär, osmanische Industrie für Zivilbedarf entwickelte sich über Jahrhunderte hinweg keine. Das Arsenalgebäude wurde von Mehmed II. Fâtih unmittelbar nach seinem Sieg als Kanonengießerei östlich von Pera in der Nähe eines bestehenden Klosters gegründet, als er sich der Bedeutung von Kanonen bei der Belagerung von Konstantinopel bewusst wurde.

Sein Sohn Beyazit II. ließ die Anlage nochmals erweitern, bevor Sultan Süleyman alle Gebäude abreißen und

Kleine wabenartige Fenster lassen ausreichend Licht ins nnere des blockhaften Baus.

durch einen großen Neubau ersetzen ließ. Dieser stand wohl in einem ummauerten Bezirk, nur wenige Meter vom Bosporus entfernt. In unmittelbarer Nähe lagen die Artillerie-Kasernen, die jedoch beim großen *Firuz Ağa*-Brand von 1823 den Flammen zum Opfer fielen. Um die Gießerei herum entwickelte sich rasch eine kleine Vorstadt, die dem Kadi von Galata unterstellt war und in der sich zahlreiche verschiedene Ethnien versammelten. 1720 zerstörte ein Brand das benachbarte Gebiet, woraufhin dort wenige Jahre später ein großes Löschwasserbecken angelegt wurde. In den folgenden Jahren sollten noch weitere Beckenanlagen folgen.

Als Sultan Abdülhamid I. (1774–1789) die türkische Artillerie reformierte, wurden die Werkstätten, die Übungsplätze und die Quartiere des Artillerie-Korps (*Topçu Ocağı*) umfassend erneuert und ausgebaut. Ab 1793 wurden unter Selim III. (1789–1807) Grundstücke rund um das *Tophane* herum aufgekauft und dort stehende Gebäude abgerissen, um am Ufer Kasernen zu errichten und einen großen Übungsplatz anzulegen. Im Zuge dessen wurde die Gießerei modernisiert und mit einem Maschinenpark aus England und Frankreich ausgestattet.

Trotz zahlreicher Sicherungsmaßnahmen kam es 1804 zu einem Großbrand, der den gesamten Bezirk stark beschädigte. Anfang des 20. Jhs. und ab 1956 wurden große Teile des Bezirks, zunächst die Kasernen und später weitere Gebäude, planiert und neben dem Hauptgebäude, das seit Selim III. bis heute durch Restaurationsarbeiten erhalten geblieben ist, ein älteres Gebäude mit Leuchtturm entdeckt. Das Hauptgebäude gilt mit seinem streifigen Ziegel-Haustein-Mauerwerk als einer der prächtigsten osmanischen Profanbauten. In ca. 20 m Höhe durchbrechen breite Spitzbögen die Fläche der Außenmauer, innerhalb denen kleine Sechseck-Fenster, wie Honigwaben angeordnet, das Licht ins Innere lassen. Der Innenraum ist schlicht gestaltet, während das Äußere durch seine fünf Tambourkuppeln mit Laternen eine gewisse Monumentalität ausstrahlt. 1958 wurde der Bau restauriert, und seit 1998 wird er von der Mimar Sinan-Universität verwaltet und dient als Museum mit regelmäßig wechselnden Ausstellungen zeitgenössischer Kunst, insbesondere zeitgenössischer Videokunst.

ndustrie- und Militärgelände lagen dicht am Bosporus.

# Eyüp-Moschee

## Traum vom Engel

»Frohe Botschaft, mein Herr, der Standartenträger des Gesandten Ebu Eyüp liegt an dieser Stelle begraben!« Mit diesen Worten soll der populäre Religionsgelehrte Akşemseddin die siebentägige gezielte Suche Mehmeds II. nach dem Grab des Abu Ayyub al-Ansari (türk. Ebu Eyüp el-Ensarı) beendet haben. Ebu Eyüp, seines Zeichens Standartenträger des Propheten Muhammad, nahm an einem Feldzug teil, welcher die arabischen Muslime unter Sultan Yazid I. um 670 nach Byzantion führte. In den ersten Jahren der Belagerung zwischen 672 und 679 soll er gefallen sein. Mit dem Auffinden des Grabes wollte Mehmed eine Verbindung zur frühen osmanischen Geschichte herstellen und damit seine Eroberung legitimieren. Also begab er sich mit 77 Männern auf die Suche, wobei sich Akşemseddin von einem Engel, der ihm im Traum erschien, leiten ließ. Er breitete seinen Gebetsteppich aus und verrichtet seine Gebete, dann legte er sich wie zum Schlafen nieder was ihm von den Umstehenden reichlich Spott einbrachte, da sie ihm unterstellten, er sei aus Scham, das Grab nicht gefunden zu haben, eingeschlafen. Doch nach einer Stunde erhob sich der mit Schweiß überströmte Geistliche, hob seine Hände, die sich in blutige Schalen verwandelt hatten, und verkündete, dass sich unter seinem Teppich das Grab befände. Und tatsächlich, sie gruben und fanden einem Stein mit der Inschrift: »Das ist das Grab von Ebu Eyüp«. Er selbst befand sich darunter, als würde er schlafen. Wie nahezu alle Legenden beinhaltet auch diese von Evliya geschilderte zumindest ein Quäntchen Wahrheit« So galt bei den Osmanen die Auffindung des Grabes, unter welchen Umständen auch immer, als einzigartiges und für das eigene Selbstverständnis herausragendes Ereignis.

Daraufhin ließ Mehmed II. an dieser Stelle ein Mausoleum zu Ehren Ebu Eyüps und eine Moschee errichten.

Schon bald wurde die Eyüp-Moschee der wichtigste Wallfahrtsort gläubiger türkischer Muslime nach den heiligen Stätten von Mekka, Medina und Jerusalem. So lautet auch ein Sprichwort: »Die *Süleymaniye* ist prachtvoll, die Sultanahmet ist schön, doch die Eyüp-Moschee ist heilig.« An Sonntagen strömen heute bis zu 15 000 Gläubige an diesen Ort und füllen den großen unregelmäßigen Vorplatz und die Straßen.

Sultan Ahmed III. ließ später die Moschee in großem Stil ausbauen und mit zwei hohen Minaretten versehen. Der Komplex musste im Laufe seines Bestehens mehrmals renoviert werden, so insbesondere auch nach dem Erdbeben von 1766, bei dem die Bauten stark beschädigt wurden. Selim III. (1789–1807) ließ das Gebäude 1798 abreißen und an seiner Stelle eine neue Moschee errichten, die am 24. Oktober 1800 eingeweiht wurde. Dieser Neubau weist eine deutlich andere Konzeption als sein Vorgängerbau auf. Er erhebt sich auf einem rechteckigen Grundriss mit einer von acht Säulen getragenen Hauptkuppel, flankiert von vier größeren und vier kleineren Halbkuppeln. Die große Kuppel misst 17,50 m im Durchmesser und ist kunstvoll ausgemalt. Viel Licht dringt durch die Fenster der Kuppel ins Innere und sorgt für ein äußerst helles Ambiente. Der Raum mit Minbar und Mihrab ist relativ schlicht gehalten, vereinzelt finden sich aber auch Elemente des Osmanischen Barock mit Marmor und Goldornamenten wieder.

Den Hof der Moschee betritt man über eine der an drei Seiten liegenden, mit Kuppeln bedeckten Vorhallen, wo sich Reinigungsbrunnen befinden. Hier bekam seit 1648 jeweils der neu eingesetzte Sultan zur Legitimation seiner Herrschaft von den Derwischen des Mevlana-Klosters symbolisch das Schwert des Dynastiegründers Osman überreicht. Die mit Fayencekunst des 16. Jhs. verkleidete Türbe Eyüps erhebt sich auf achteckigem Grundriss gegenüber dem Eingang.

Am Hang hinter der Moschee erstreckt sich einer der größten und schönsten Friedhöfe Istanbuls. Hier finden sich osmanische Grabsteine mit ihrer typischen Turbanbekrönung, die auf eine Männerbestattung hinweist, oder dem Blütenabschluss, der die Gräber von Frauen kennzeichnet.

Die Eyüp-Moschee zieht die Gläubigen in Scharen an. Bis zu 15 000 Menschen versammeln sich auf dem Platz und in den Straßen davor.

# Dolmabahçe-Palast

## Für immer 5 nach 9

10. November 1938, 9.05 Uhr. Die Uhren im einstigen Sultanspalast stehen still, der »Vater der Republik Türkei«, Kemal Atatürk, schließt zum letzten Mal seine Augen. Heute weisen noch die Zeiger der Uhr in Atatürks Sterbezimmer auf dieses Ereignis hin, die übrigen der über 150 Exemplare umfassenden Sammlung wurden inzwischen umgestellt. Für die türkische Bevölkerung, von der nach wie vor ein großer Teil den Staatsgründer hoch verehrt, erlangte der Dolmabahçe-Palast vor allem dadurch seine große Bedeutung.

Dreht man die Uhren in Gedanken aber nochmals weitere 300 Jahre zurück, so findet man sich nicht in einem der prunkvollsten Gebäuden der Stadt wieder, sondern steht inmitten des Hafens, von dem aus die osmanische Flotte zu ihren Feldzügen aufbrach. In dieser natürlichen Bucht wurden zudem zahlreiche Feierlichkeiten abgehalten, bis sie jedoch ganz allmählich verlandete und ab 1614 unter Ahmed I. vollständig aufgefüllt wurde. Als das Projekt unter Osman II. fertiggestellt war, erhielt das neu entstandene Gelände seinen bildhaften Namen *Dolmabahçe* (»aufgefüllter Garten«). Das Anwesen sollte in den Folgejahren zu einem der prächtigsten Lustgärten der Sultane werden. Im Laufe der Zeit wurde er von mehreren Herrschern mit Pavillons und kleineren Palastbauten ergänzt, die zu einem größeren Palastkomplex heranwuchsen, bekannt unter dem Namen Besiktaş-Uferpalast.

Auf einer Länge von 600 m erstreckt sich der Dolmabaçe-Palast am Bosporusufer. Bei der dem Wasser zugewandten Fassade überwiegen die europäischen Elemente, während der hintere Teil stärker der osmanischen Wandgliederung folgt.

Bis Mitte des 19. Jhs. blieb der Topkapı-Palast die Residenz des Sultans (s. S. 118 ff.). Seit den im Laufe des 18. Jhs. intensivierten Kontakten nach Zentraleuropa lassen sich starke kulturelle Einflüsse, die ins Osmanische Reich gelangten, erkennen. Darüber hinaus übernahmen Herrscher mehr und mehr auch gezielt europäische Repräsentationsstandards, was sich häufig an prominenten Bauwerken wie eben dem Dolmabahçe-Palast feststellen lässt. Der Lebensmittelpunkt der osmanischen Dynastie begann sich von nun an immer stärker an die Ufer des Bosporus zu verlagern, und das zuvor nach außen hin verschlossene Serail-Leben glich sich ein wenig den europäischen Gewohnheiten an.

So wurde unter Sultan Abdülmecid I. der Bau einer neuen Residenz in Auftrag gegeben und von den Architekten Garabet und Nikoğos Balyan zwischen 1843 und 1856 ausgeführt. Beide Baumeister hatten eine europäische Ausbildung genossen und ließen entsprechend Elemente des französischen Barock, des deutschen Rokoko sowie der italienischen Renaissance in ihre Konzeption einfließen, gaben dem Ganzen aber ein osmanisches Gepräge. Die dem Wasser zugewandte Seite weist hierbei stärkere europäische Bezüge auf, während die abgewandte Fassade den osmanischen Prinzipien mit hohen Mauern und deutlicher Gliederung folgt. Der Komplex, der vorher an dieser Stelle gestanden hatte, wurde für die Neukonzeption vollständig abgerissen, mit der Begründung, der Holzbau sei für die weitere Nutzung ungeeignet. Die Baukosten des ehrgeizigen Projekts (14 Tonnen Gold wurden allein für die Verzierung der Decken verwendet) waren enorm und belasteten die Staatskasse mit etwa einem Viertel der jährlichen Steuereinnahmen, was sich in der finanziellen Handlungsfähigkeit des Staates deutlich bemerkbar machte.

Der neue Baukomplex besteht aus einem Hauptgebäude sowie 16 Nebengebäuden, die Stallungen und Versorgungseinrichtungen, aber auch etwa eine Glaserei und eine Gießerei beherbergten. Im ausgehenden 19. Jh. wurde er unter Abdülhamid II. (1876–1909) um einen Uhrenturm und die Hareket-Villen erweitert. Das dreiflügelige Hauptgebäude verfügte über jeweils einen Flügel für Staatsgeschäfte und Empfänge (*Mabeynı Hümayun*), einen für Festlichkeiten (*Muyade Salon*) und einen als Privatgemach der Herrscherfamilie (*Haremı Hümayun*).

Der Mabeynı Hümayun, der über den Eingangssaal, von dem die sog. »Kristalltreppe« ins Obergeschoss führt, betreten wird, ist von den drei Flügeln sicherlich der prunkvollste. Für unterschiedliche Zwecke, wie etwa Empfänge oder Audienzen, stellte der Palast gleich mehrere Salons. Der Muayede-Salon, der eine Fläche von etwa 2000 m² einnimmt und mit seiner 36 m hohen Kuppel, seinen 56 Säulen und einem riesigen englischen Kristalllüster – einem Geschenk von Königin Victoria (1837–1901) – den eindrucksvollsten Raum des Palasts darstellt, bildetet den Übergang zwischen dem Flügel für Staatsgeschäfte und den Privatgemächern. Für die Wärme sorgte ein Heizsystem, das Warmluft aus dem Keller nach oben leitete. Die Privaträume sind vom übrigen Teil durch eine Eisentür sowie eine Holztür abgetrennt, womit man, trotz aller Annäherung an europäischen Vorstellungen, der osmanischen Tradition folgt, wenngleich die Gemächer nicht mehr wie im Topkapı-Palast in einem separaten Gebäude untergebracht sind.

Der Palast erstreckt sich malerisch entlang des Bosporus auf einer Länge von 600 m und hat eine Gesamtfläche von etwa 45 000 $m^2$. Insgesamt beherbergt er 46 Säle und neben 285 Zimmern noch 6 Hamams und 68 Baderäume. Entgegen dem Äußeren weißt der einschließlich Kellergeschoss dreistöckige Bau in der Anordnung der Räume sowie in der Einrichtung die traditionelle Form osmanischer Architektur auf. Während die Außenmauern aus Stein errichtet wurden, sind die Mauern im Inneren aus Ziegeln gemauert, die Inneneinrichtung besteht aus Holz. Auf weiten Teilen des Parkettfußbodens liegen annähernd 4500 $m^2$ Teppiche, hergestellt in der Teppichweberei des Hofs und später in den Fabriken von Hereke.

Die Tradition machte manche Besonderheiten in der Konzeption notwendig: Während sich bei europäischen Repräsentationsbauten in der Regel das Hauptportal an der Frontseite – meist zentral – befindet, trägt der Dolmabahçe-Palast dadurch, dass der Hauptzugang an der südlichen Schmalseite angelegt ist, der Sitte Rechnung, den Harem von der Außenwelt zu trennen. Er ist eines der ersten Beispiele osmanischer Bauplanung, bei der das Gebäude nicht im Laufe der Zeit, entsprechend der sich ändernden Bedürfnisse, organisch wuchs, sondern (von wenigen späteren Ergänzungen abgesehen) einem von Anfang an vorgegebenen Plan folgte. Beispiellos ist die technische Ausstattung, die zur jeweiligen Zeit dem modernsten Standard entsprach, wie etwa eine Gasbeleuchtung oder Toiletten mit Wasserspülung – Besonderheiten, die in kontinentaleuropäischen Palästen noch lange nicht selbstverständlich waren. 1910–1912 wurde noch eine Zentralheizung installiert sowie Stromleitungen gelegt.

Der Palast steht heute Besuchern offen und beherbergt verschiedene Sammlungen, auch aus anderen Palästen, u. a. die weltweit größte Sammlung böhmischer Kristallleuchter. Daneben finden verschiedene Veranstaltungen und offizielle Treffen statt, wie etwa Gespräche im Rahmen der Ernennung Istanbuls zur »Europäischen Kulturhauptstadt 2010«

mmer mehr »Glaspaläste« machen den Sultanspalästen in der Stadtsilhouette Konkurrenz.

# Göksu-Palast

## Ein Bett nur im Film

Dramatische Momente. Ein Schuss, die tote Elektra fällt rücklings auf ihr Bett, der Geheimagent steht auf der Brüstung des geschwungenen steinernen Balkons und schaut dem abtauchenden Unterseeboot nach. Dann springt er entschlossen hinterher: Sein Name ist Bond, James Bond!

Als Kulisse für den Film »Die Welt ist nicht genug« von 1999 präsentiert sich der im Rokoko-Stil errichtete Göksu-Palast oder Göksu-Pavillon (bekannt auch als Küçüksu-Palast) für die Außenaufnahmen als märchenhafte Villa der hübschen Gegenspielerin des englischen Geheimagenten. Wer diesen malerischen Bau nur aus dem Film kennt, mag sich wundern, wenn er ihn abseits der Touristenpfade plötzlich inmitten eines mit altem Baumbestand bewachsenen Geländes auf der asiatischen Seite des Bosporus, in der Nähe von Beykoz, ein wenig südlich des Anadolu Hisarı, findet – das Drehbuch versetzt die Villa in die Hauptstadt von Aserbaidschan.

Seinen Namen erhielt der Bau von einem kleinen idyllischen Flüsschen, das in den Bosporus mündet. Schon in byzantinischer Zeit ging von dieser pittoresken Landschaft ein ganz besonderer Reiz aus. Sie war unter dem Namen *Potamonion* (»heiliger Brunnen«) bekannt, der Fluss wurde *Artea* (»Schönheit«) genannt. Zu jener Zeit existierte in dieser Gegend noch keine nennenswerte Siedlung, doch gab es entlang des Wasserlaufs kleinere Quellen, die als heilig bzw. heilend galten, weshalb hier auch zu entsprechenden Anlässen religiöse Zeremonien abgehalten wurden.

Wenngleich schon kurz nach der Eroberung Konstantinopels die Gegend im Sommer eine Stätte der Erholung war, entstand v. a. im Laufe der Osmanischen Zeit ein noch größeres Interesse an dieser Landschaft, die insbesondere für die Pferdezucht und zum Austragen von Pferderennen an Popularität gewann. Darüber hinaus wurde sie aufgrund des reich-

Das idyllische Flüsschen Göksu gab dem kleinen Palast seinen Namen.

lich vorhandenen Frischwassers zum Obst- und Gemüsebau genutzt, und der aus dem Göksu-Delta gewonnene Ton war für die Keramikproduktion sehr gefragt. Aufgrund der günstigen Anbaubedingungen entstanden dann ab dem 17. Jh. allmählich die ersten größeren Siedlungen entlang des Göksu.

Der Göksu-Palast wurde während der Herrschaft Sultan Abdülmecids I. im Jahre 1851 nach den Plänen des armenisch-türkischen Architekten Garabet Amira Balyan und seines Sohns Nigoğayos Balyan errichtet. An derselben Stelle befand sich zuvor ein Tagungsort der Gärtner, die damit beauf-

tragt waren, sich um die Gärten der Sultane und das Bosporusufer zu kümmern. Der Großwesir Divittar Emin Mehmed Paşa ließ für Mahmud I. am Ufer des Göksu zunächst eine Residenz aus Holz errichten, die dann aber später als nicht mehr zeitgemäß abgerissen wurde, um stattdessen das heute sichtbare Steingebäude zu bauen. Die gesamte Anlage, neben dem Palast die Treppen und der Brunnen, sind aufwendig gestaltet und mit reicher Ornamentik verziert. Der verglichen mit anderen Palästen eher kleine Bau sollte nie als Residenz dienen und wurde von den Sultanen lediglich für kurze Aufenthalte und Landausflüge während der Jagd genutzt, was auch erklärt, weshalb im gesamten Gebäude keine einzige Schlafstätte vorhanden ist.

Das Gebäude besteht aus zwei Stockwerken und einem Kellergeschoss mit einer Grundfläche von 15 × 27 m. Im Gegensatz zu zahlreichen vergleichbaren Anlagen ist hier das Gelände nicht von Mauern eingefasst, sondern mit einem kunstvoll geschmiedeten Eisenzaun gesichert, der an allen vier Seiten jeweils ein Tor aufweist. Im Kellergeschoss befanden sich Küche, Speisekammer und Unterkünfte für das Personal. Die oberen Stockwerke sind traditionell mit vier Räumen konzipiert, die um eine zentrale Halle liegen. In ihnen befinden sich offene Kamine aus farbigem italienischen Marmor und böhmische Kristallleuchter.

Bei einer Überschwemmung im Jahre 1909 entstanden am Gebäude größere Schäden. Nach Restaurierungsarbeiten wurde der Palast während der Frühzeit der Türkischen Republik als staatliches Gästehaus genutzt und nach einer weiteren Renovierung 1944 der Öffentlichkeit als Museum zugänglich gemacht.

Schöner noch als im Film präsentiert sich der kleine Prunkbau aus dem 19. Jh.

# Çirağan-Palast

## Fackeln, Stars und Bräute

Staatsoberhäupter, Filmstars, Scheichs, Topverdiener – sie alle prägen heute das Bild des Çirağan-Palasts und logieren in den luxuriös eingerichteten Suiten des inzwischen zum noblen 6-Sterne-Hotel umgebauten Gebäudes mit direktem Zugang zum Wasser. Zwischendurch finden regelmäßig standesgemäße Hochzeiten statt, wie etwa 2001 die des jüngsten Sohns von Altbundeskanzler Helmut Kohl. Doch glamourös ging es auch schon im 18. Jh. an diesem Ort zu. In der sog. Tulpenzeit, als das Osmanische Reich bereits seinen Zenith als Weltreich überschritten hatte, widmete sich die feine Gesellschaft vornehmlich den angenehmen Dingen des Lebens und gab sich nach persischem Vorbild großen Feierlichkeiten und gesellschaftlichen Ereignissen hin. Musik, Tanz und reicher Blumenschmuck sollten mehr und mehr eine wichtige Rolle im höfischen Alltag spielen. So ließ auf dem Areal, das sich von Beşiktaş bis Ortaköy erstreckt und im 17. Jh. Kazancıoğlu-Garten genannt wurde, der Großwesir Ibrahim Paşa 1719 für seine Frau Fatma Sultan die erste Yalı bauen. Regelmäßig erhellte von da an der Schein unzähliger Fackeln und Lampen das Gelände um die Sommerresidenz, wenn die Sultansgattin zu nächtlichen Festen, den sog. Çirağan Senlikleri, lud, und spiegelte sich in den Wellen des Bosporus wider. Dieses Lichterspiel verlieh dem Palast letztendlich auch seinen Namen: *tschrâgh* ist das persische Wort für Licht. Wie prunkvoll dieser Palast einst gewesen sein muss, lässt sich den Briefen der englischen Schriftstellerin und Frau des englischen Botschafters Mary Wortley Montagu, die 1717 und 1718 in Istanbul lebte, entnehmen. Seine Ausmaße, so schreibt sie, seien erstaunlich und die Wachen hätten ihr mitgeteilt, dass er 800 Zimmer beherberge. Für den Bau seien Marmor, Gold und die edelsten Materialien verwendet worden, Fenster aus feinstem englischen Bleikristall ließen das Licht in die Räume und die Wände seien mit kostbaren Malereien von Früchten und Blüten überzogen.

1834 beschloss jedoch Sultan Mahmud II. (1808–1839) die luxuriöse Villa abzureißen und an gleicher Stelle, nach seinen Vorstellungen eine neue zu errichten, die Abdülmecid I. aber schon wenige Jahre später erneut zerstören ließ, um nun einen Palast im »westlichen Stil« bauen zu lassen. Aufgrund der ökonomischen und politischen Umstände – einer aufgedeckten Verschwörung zur Ermordung des Sultans, *Kuleli olay* – wurde dieser zunächst nicht fertiggestellt. Sein Bruder Abdülaziz (1861–1876) verfolgte nach dessen Tod aber die Pläne weiter und ließ den Komplex aus mehreren Einzelgebäuden 1874 vom Architekten Nikoğos Balyan, der sich schon durch andere Prachtbauten hervortat (s. S. 136) fertigstellen. Er sollte den Dolmabahçe-Palast noch in allem übertreffen. Der Plan dieses feudalen Baus war insgesamt bezeichnend für den Sultan, der in großem Stile Staatsgelder für private Zwecke geradezu verschleuderte. Er beschäftigte gar mehrere hundert Musikanten, Tierwärter, Küchenangestellte und Stallknechte, und erwarb u. a. unsinniges, nicht einsetzbares Kriegsgerät und vieles mehr. Als es in Bosnien, Herzegowina und Bulgarien zu Aufständen und in der Regierung zu einer Verschwörung gegen den Sultan kam, wurde dieser im Mai 1876 abgesetzt, woraufhin er wenig später durch Suizid aus dem Leben schied. Abdülhamid II. (1876–1909), Nachfolger Abdülaziz', hielt zwischen 1876 und 1904 hier seinen Bruder Murad V. (1876), den zwar rechtmäßigen, jedoch nach einem ärztlichen Gutachten als amtsunfähig geltenden Thronfolger, gefangen.

Ab 1904 stand der Palast leer und bot sich so für die Nutzung durch das neue osmanische Parlament an, das ihn 1909 bezog. Doch bereits am 19. Januar 1910 brannte er, vermutlich aufgrund eines elektrischen Defekts, bis auf die Grundmauern aus, wobei auch zahlreiche Antiquitäten, Gemälde und Bücher sowie bedeutende Dokumente den Flammen zum Opfer fielen. Ende des Ersten Weltkriegs, während der Besetzung Istanbuls, wurde die Ruine durch die Franzosen als Kaserne genutzt, danach diente sie nur noch als Schutthalde, Bolzplatz und Schwimmbad, und der endgültige Verfall war nur noch eine Frage der Zeit. Erst durch die Umwandlung in ein Hotel in den 1990er Jahren konnten zumindest die Fassade und die Torbauten des in seiner Konzeption den europäischen neoklassischen mit dem lokalen osmanischen Stil verbindenden Baus gerettet werden. Und so kann man heute wie einst fürstlich dinieren, entspannen und in aller Ruhe den Möwen und den Wellen des Bosporus in der weitläufigen Gartenanlage lauschen – vorausgesetzt, das Portemonnaie gibt seine Zustimmung.

Heute wie einst eine noble Herberge: der Çirağan-Palast.

# Tünel
## Champagner untertage

Kurz nach ein Uhr: die versammelten Gäste setzten sich an die stilvoll arrangierten Tische zu einem Gabelfrühstück nieder und ließen sich hierzu Champagner und andere ausgewählte Weine kredenzen. Als das Dessert aufgetischt wurde, brachte man einen Toast auf »die Gesundheit seiner Majestät Sultan Abdülaziz« aus. Nach weiteren dem Sultan schmeichelnden Worten und großem Applaus spielte die Band die türkische Nationalhymne, woraufhin Baron Foelckershamb auf »die Gesundheit der Königin von England« anstieß. Kurz darauf erklang »God Save the Queen«. So konnte man am 18. Januar 1875 in der englischsprachigen Istanbuler Zeitung »The Levant Herald« über ein Ereignis lesen, das als ein weiterer Schritt in der sog. Verwestlichung bzw. Europäisierung betrachtet wurde – die Einweihung und Inbetriebnahme der *Tünel*-Bahn.

Mit der Verwirklichung dieses damals für großes Aufsehen sorgenden Projekts nahm nach der Londoner U-Bahn Metropolitan Line, die am 10. Januar 1863 eingeweiht wurde, unter den Straßen Istanbuls die zweitälteste und mit 573 m Länge zugleich kürzeste U-Bahn der Welt ihren Betrieb auf. Zwar fanden etwa zur gleichen Zeit auch die Planungen der New Yorker U-Bahn statt, doch verschob sich deren Verwirklichung aufgrund von Finanzierungsproblemen noch um mehrere Jahre. Vorausgegangen war 1867 die

Modernisiert und luftbereift, überwindet die Tünel-Bahn heute in nur 90 Sekunden die Strecke zwischen Karaköy und Beyoğlu.

Hinter der Fassade des 19. Jhs. beginnt die U-Bahnstrecke hinab nach Karaköy.

Suche des in Istanbul ansässigen französischen Ingenieurs Eugène Henri Gavand nach einer Lösung, um den Personenverkehr zwischen Galata/Karaköy am Ufer des Goldenen Horns und dem Finanzzentrum Pera/Beyoğlu zu verbessern. Zunächst zog er die Überwindung des Höhenunterschieds mit dem Bau einer Fahrtreppe in Erwägung, entwickelte dann aber das Modell einer Standseilbahn, das er dem damaligen Herrscher Sultan Abdülaziz (1861–1876) vorstellte. Nach ausgiebigen Beratungen und Bitten erhielt Gavand am 6. November 1869 die Genehmigung, das Projekt zu verwirklichen, und bekam das Betriebsrecht für 42 Jahre. Zwei Jahre später begannen die Bauarbeiten der Untergrundbahn, für die nur zwei Haltestellen vorgesehen waren und die eine Steigung von 16 Prozent zu überwinden hatte. Die Bauarbeiten waren 1874 beendet, und nach einigen Probefahrten mit Tieren und den Einweihungsfeierlichkeiten begann 1875 der normale Betrieb; gegen Ende der 1890er Jahre transportierte die Bahn bereits rund 3 Millionen Personen jährlich.

Die *Tünel*-Bahn war jedoch weit mehr als nur ein Transportmittel: Sie war Symbol für einen fortschrittlichen, aufstrebenden und dynamischen Staat, der dem Bild des »kranken Mannes am Bosporus«, das in vielen Medien gezeichnet wurde, deutlich widersprechen sollte. So charakterisierte auch The Levant Herald die Untergrundbahn als *»a new link of fraternity to cement the friendship between Eastern and Western elements which met in Constantinople«*.

Die Rolle Großbritanniens wurde hierbei stets betont, da der Bau letztendlich nur durch britisches Kapital verwirklicht werden konnte, wofür 1871 die Aktiengesellschaft *The Metropolitan Railway of Constantinople from Galata to Pera* gegründet wurde.

Zunächst wurden die seitlich offenen Waggons, die mit Kerzen beleuchtet waren, mittels einer Dampfmaschine angetrieben und sie waren so ausgelegt, dass in ihnen neben Personen auch Pferde und Gespanne befördert werden konnten. Ab 1910 fuhr, quasi als Verlängerung der *Tünel*-Bahn, die elektrische Straßenbahn in Richtung Taksim-Platz. 1939 wurde die İ.E.T.T. (*İstanbul Elektrik Tramvay ve Tünel*) gegründet, die den Betrieb der Bahnen übernahm. Inzwischen sind sowohl die Tünel-Bahn als auch die nostalgische rote Straßenbahn Attraktionen bei Touristen, die eine Fahrt, auch wenn sie im Falle der Standseilbahn heute gerade einmal 90 Sekunden dauert, genießen.

n Verlängerung zur Tünel-Bahn verkehrt die historische Straßenbahn auf der *stiklal-Caddesi* zum Taksim-Platz.

Deutscher Brunnen

# Bausatz an Bord

Im 21. Jh. haben wir uns längst daran gewöhnt, eine Menge Einzelteile geliefert zu bekommen und dann, in der Hoffnung, alle Teile in Händen zu halten, mit handwerklicher Routine und Geschick einen Schrank, ein Sofa oder ein Gartenhäuschen daraus zusammenzusetzen. Ein Bausatz ganz anderer Art erreichte mit Schiffen im Jahre 1900 Istanbul – eine pavillionähnliche Brunnenanlage im neobyzantinischen oder Neorenaissance-Stil, hergestellt in Deutschland und vor Ort zusammengesetzt. Der Absender: Kaiser Wilhelm II., Deutschland.

Aufgrund der engen diplomatischen Beziehungen, die sich zwischen Deutschland und dem Osmanischen Reich seit Ende des 19. Jhs. entwickelt hatten, stattete Wilhelm II. der Stadt am Goldenen Horn insgesamt drei Besuche ab, und er war der einzige ausländische Herrscher, der während der Amtszeit von Sultan Abdülhamid II. (1876–1909) in der Hauptstadt offiziell empfangen wurde. Zum Andenken an den Besuch des deutschen Kaisers, der am 18. Oktober 1898 in Istanbul seine Reise durch den Nahen Osten begann, machte er dem Sultan dieses außergewöhnliche Geschenk, das seitdem den Namen *Alman Çeşmesi* (Deutscher Brunnen) trägt und sich am nördlichen Ende des Hippodroms, gegenüber des Mausoleums Sultan Ahmeds I. (1603–1617) in die Parkanlage einfügt. Zuvor hatte die deutsche Regierung den Platz noch mit Bäumen bepflanzen lassen.

Der Entwurf des Brunnens stammte von dem deutschen Architekten Max Spitta (Lehrbeauftragter der Königlichen Akademie und enger Berater des Kaisers) mit Unterstützung von Carlitzik und dem Italiener Joseph Antony. Umgesetzt wurden die Pläne dann von dem Architekten Schoele. Laut einer Inschrift begann man mit der Konstruktion im islamischen Jahr 1319 (entspricht 1898–1899). Doch auch Lieferzeiten scheinen kein gänzlich neues Problem zu sein. So sollte der Deutsche Brunnen ursprünglich am 1. September 1900, anlässlich des 25. Jubiläums der Herrschaft Sultan Abdülhamids II., fertiggestellt sein, doch konnte er letztendlich erst am 27. Januar 1901, dem Geburtstag Wilhelms II., im Rahmen einer großen Feier eingeweiht und der Aufsicht des Ministeriums für Stiftungen unterstellt werden.

Das Monogramm des Sultans und das des Kaisers zieren das Innere des Deutschen Brunnens.

Die Konstruktion der Anlage gründet auf einem achteckigen Sockel, die im Inneren mit goldenen Mosaiken verzierte Kuppel ruht auf acht grünen Porphyrsäulen, die durch Bögen miteinander verbunden sind, in deren Scheitelpunkt runde Medaillons eingesetzt wurden. Auf vier dieser Medaillons ist auf grünem Grund das Monogramm Sultan Abdülhamids II. eingraviert und als Pendant ziert die übrigen vier der Anfangsbuchstabe des Kaisers, das »W«, mit darübergesetzter Krone und der Zahl »II.« auf blauem Grund. Das Mosaik mit seinen kreisförmig ineinander greifenden Motiven ist eines der bekanntesten Werke des deutschen Kirchenmalers Prof. August Oetkens aus Oldenburg.

Auf einer bronzenen Tafel findet sich die Inschrift: »Wilhelm II. deutscher Kaiser stiftete diesen Brunnen in dankbarer Erinnerung an seinen Besuch bei seiner Maiestaet dem Kaiser der Osmanen Abdul Hamid II. im Herbst des Iahres 1898«.

In kalligrafischer Schrift hingegen wurde ein Gedicht des Literaten Ahmed Muhtar Paşa, der auch im Generalstab tätig war, eingelassen. Es beschreibt die Ankunft des deutschen Kaisers in Istanbul, die Freundschaft der beiden Herrscher und die Freude des Sultans über den gestifteten Brunnen, der der Bevölkerung kostenlos sauberes Wasser zur Verfügung stellte.

Schmuckvoll fügt sich die Stiftung Kaiser Wilhelms II. in die Parkanlage ein.

# Haydarpaşa-Bahnhof

## Einmal Orient und zurück

Man musste schon zu den Gutbetuchten gehören, wollte man Anfang des 20. Jhs. bequem, ja luxuriös in den fernen Orient reisen. Hatte man aber diese Möglichkeit, so bot der legendäre und später aus Romanen und Filmen bekannte Orient-Express auf seiner Fahrt von Paris bis zum Bahnhof Sirkeci in Konstantinopel alle erdenklichen Annehmlichkeiten: Die Waggons waren von Künstlerhand gestaltet, mit edlem Mobiliar ausgestattet und der Service ließ keine Wünsche offen. Mag für den Westeuropäer Konstantinopel zunächst die Verkörperung des Orients gewesen sein, so erschloss sich das Morgenland doch erst jenseits des Bosporus, wenn man seine Reise dort mit der Bagdadbahn fortsetzte.

Ihren Ausgang nahm die Eisenbahnstrecke am Haydarpaşa-Bahnhof (türk. *Haydarpaşa Garı*), mit dessen Errichtung am 30. Mai 1906 begonnen wurde, nachdem man im Jahr zuvor den Auftrag zur Gestaltung der als Kopfbahnhof konzipierten Anlage an die Architekten Otto Ritter und Helmut Cuno erteilt hatte. Er war ein Geschenk Kaiser Wilhelms II. an Sultan Abdülhamid II., mit dem er das »Projekt Bagdadbahn« gemeinsam auf den Weg gebracht hatte. Mit dem Ausbau der Bahnlinie, die zu den aufwendigsten Infrastrukturprojekten jener Zeit zählte und v. a. in logistischer und ingenieurtechnischer Hinsicht mitunter extreme Anforderungen stellte, wurde am 27. Juli 1903 begonnen – unter maßgeblicher Beteiligung deutscher Unternehmen, insbesondere der Philipp Holzmann AG. Besondere Anstrengungen erforderte die Überwindung des Taurus-Gebirges; in einer Höhe von bis zu etwa 1470 m mussten auf einer Strecke von 64 km 44 Tunnel durchs Gestein getrieben werden. Unzählige Arbeiter verloren bei diesem gigantischen Unternehmen ihr Leben. Doch am 19. August des Jahres 1908 konnte die feierliche Einweihung stattfinden.

Das im Stile der Neorenaissance errichtete Bahnhofsgebäude verfügt über einen u-förmigen Grundriss, wobei jener Teil des Haupttrakts, der der Bucht von Kadıköy zugewandt ist, auf einer Substruktion aus 1100 in den Untergrund gerammten Holzpfählen ruht. Die monumentale, von Rundtürmen flankierte Fassade besteht aus grauem Sandstein, der in einem streckennah gelegenen Steinbruch gewonnen wurde. Die aufwendigen Steinmetzarbeiten an der mittels zahlreicher Pilaster, Nischen und Balkone optisch gegliederten Gebäudefront übernahmen italienische Facharbeiter. Schieferplatten bedecken das steile Dach, der Innenraum ist reich mit bunt bemaltem Stuck verziert. Unmittelbar nördlich des ausschließlich dem Personenverkehr vorbehaltenen Hauptgebäudes befindet sich der kombinierte Hafen- und Güterbahnhof von Üsküdar.

Trotz einer ständig zunehmenden Verlagerung des Personen- und Gütertransports auf die Straßen und Autobahnen des Landes findet ausgehend vom Haydarpaşa Garı noch heute ein reger Zugverkehr statt, wobei die meisten Züge Ankara zum Ziel haben und v. a. Pendler von und nach Istanbul bringen. Daneben bieten Reiseveranstalter auch teils nostalgische Fahrten u. a. bis nach Damaskus an, eine Strecke, auf der in den 1920/30er Jahren auch Agatha Christie unterwegs war, um ihren Mann, den Archäologen Max Mallowan, zu besuchen. Endstation des von Westen kommenden Orient-Express und zugleich Ausgangspunkt des nach Osten fahrenden *Toros*-Express und umgekehrt – bildhafter könnte sich Istanbul wohl kaum als das darstellen, was es unter wechselnden Namen die Jahrtausende über war: Schnittstelle zwischen Orient und Okzident.

Ausgangspunkt für die legendäre Bagdadbahn: der von Kaiser Wilhelm . gestiftete Bahnhof Haydarpaşa auf asiatischer Seite.

# Glossar

## Von Arabeske bis Yalı

**Arabeske**
Ornament aus streng stilisierten Blumen- oder Pflanzenranken, ursprünglich oft mit arabischen Schriftzeichen, wovon sich der Name ableitet.

**Bilderstreit**
Erbittert geführte theologische Debatte zwischen der orthodox-katholischen Kirche und dem byzantinischen Kaiserhaus in der Zeit des 8. und 9. Jahrhunderts; Ausgangspunkt der Streitigkeiten zwischen den allgemein als Ikonoklasten (»Ikonenzerstörer«) und Ikonodulen (»Ikonenverehrer«) bezeichneten Parteien stellte der ordnungsgemäße Gebrauch sowie die Verehrung von Ikonen dar.

**Darülkurra**
Koranschule einer islamischen Hochschule (s. a. Medrese).

**Derwisch**
Angehöriger einer muslimischen, asketisch lebenden Ordensgemeinschaft.

**Esonarthex**
S. Narthex.

**Fes**
Kegelstumpfförmige Kopfbedeckung aus rotem Filz. Seit 1925 ist das Tragen verboten.

**Hamam**
Traditionelles Dampfbad, das vor allem im arabischen Kulturkreis, im Iran sowie in der Türkei anzutreffen ist. Umgangssprachlich auch als »Türkisches Bad« bezeichnet.

**Ikonoklasmus**
S. Bilderstreit.

**Imaret**
Einer größeren Moschee angegliederte Armenküche (s. Külliye).

**Kapitell**
(lat. *capitulum* »Köpfchen«), Kopf einer Säule, eines Pilasters oder eines Pfeilers, der verschieden in seiner Form und in seiner Ornamentik sein kann. Je nach Gestaltung unterscheidet man zwischen Dorischen, Ionischen und Korinthischen Kapitellen.

**Kıbla**
Die vom Koran vorgeschriebene Gebetsrichtung der Gläubigen zur Kaaba in Mekka, dem zentralen Heiligtum der Muslime.

**Külliye**
Zu einer großen Moschee gehörige sozio-religiöse Einrichtung, teils mit karitativer Funktion. Zur Küliye können eine Armenküche (*Imaret*), eine Hochschule (*Medrese*), ein Hospital (*Darüşşifa*), ein Bad (*Hamam*) sowie eine Karawanserei (*Kervansaray*) für vorüberziehende Reisende gehören.

**Muquarnas**
In der persisch-islamischen Baukunst auftretendes Füllwerk aus vielen in- und übereinandergesetzten Elementen, die einen Übergang zwischen Nische und Wand bzw. zwischen Wänden und Kuppel bilden. Da aufwendige Muquarnas an die Decken von Tropfsteinhöhlen erinnern, werden sie auch als Stalaktitendekoration bezeichnet.

**Medrese**
Islamische Hochschule, in aller Regel mit Betsälen, Lehrräumen, einer Bibliothek und dem Internat für die Studierenden.

**Mektep**
Schule.

**Mihrab**
Gebetsnische in Moscheen, die die Gebetsrichtung anzeigt (s. Kıbla).

**Minbar**
Kanzel in einer Moschee, von der am Freitag die Predigt gehalten wird. In aller Regel befindet sich das Minbar neben der Gebetsnische (s. Mihrab) an der in Richtung Mekka zugewandten Kıbla-Wand.

**Mufti**
Islamischer Rechtsgelehrter.

**Narthex**
Eingeschossige Vorhalle altchristlicher und byzantinischer Kirchenbauten und Basiliken. Der Narthex verläuft über die gesamte Breitseite des Kirchenschiffs und ist mit diesem über Bogenstellungen verbunden. Ist der in aller Regel schmale Vorraum außerhalb der Fassade angelegt, so wird er als Exonarthex bezeichnet, befindet er sich im Innenraum des Baus, spricht man von ihm als Esonarthex. Anders als die nach außen geöffnete Portikus (s. u.) ist der Narthex dem Innenraum zugeordnet und Teil des Kultraums.

### Nika-Aufstand
Großes Volksaufbegehren in Konstantinopel 532 gegen den Kaiser des Oströmischen Reichs Justinian I.

### Ökumenisches Konzil
Sieben allgemeine Bischofsversammlungen in der Zeit zwischen 325 und 787.

### Palaiologen
Letzte Kaiserdynastie des byzantinischen Reichs. Ihre Herrschaftszeit dauerte von 1259 bis zur Einnahme Konstantinopels im Jahr 1453 durch die Osmanen an.

### Parekklesion
Einem Kirchenbau meist nachträglich hinzugefügte Seitenkapelle.

### Pendentifkuppel
Zwischen den Bögen und der eigentlichen Kuppel installierte horizontal abgeschnittene Hängekuppel, bei der der Abschnitt von einer Halbkugel geschlossen wird. Die dabei entstehenden dreieckigen, sphärischen Zwickel werden als Pendentif bezeichnet.

### Peristyl
Meist rechteckiger Hof, der allseitig von Säulenhallen, sog. Kolonnaden, umgeben ist.

### Portikus
Von Pfeilern oder Säulen getragene Eingangshalle eines Gebäudes oder nur kleiner, offener Vorbau.

### Şardırvan
Brunnenanlage zur Verrichtung ritueller Waschungen vor dem Gebet. Hierzu gehört das Waschen der Hände, das Ausspülen des Mundinneren, das Waschen des Inneren der Nase, des Gesichts und der Unterarme, ein Streichen über die Haare mit der Hand, das Auswischen der Ohren sowie das Waschen der Füße bis zu den Knöcheln.

### Saray
Palast bzw. Herrscherresidenz.

### Sebil
Öffentlicher Brunnen.

### Şerefe
Balkon des Minaretts, von dem der Muezzin fünfmal am Tag zum Gebet ruft.

### Spolien
Bau- oder Schmuckteile, die ursprünglich von einem anderen Bauwerk stammten und neu verwendet wurden.

### Stalaktitgewölbe
Gewölbetyp in der islamischen Baukunst, mit plastischem, von der Decke nach unten hängendem Zierwerk (s. Muqarnas).

### Tabhane
Einer Moschee angegliedertes Gästehaus oder Herberge für Reisende und Pilger.

### Ulama
Religionsgelehrte, die über die Interpretation der islamischen Glaubenslehre entscheiden.

### Wesir
Seit Mitte des 8. Jhs. oberstes Regierungsamt in den meisten islamischen Staaten. Das Amt war zunächst von den frühen Abassiden nach sassanidischem Vorbild eingerichtet worden, die Osmanen kannten es seit dem 14. Jh. In seiner Stellung als oberster Würdenträger übte der Wesir – vergleichbar einem Minister – im Wesentlichen beratende Funktion aus und war Repräsentant des Kalifen.

### Yalı
Sommervilla oder -residenz. Charakteristisch für die in Holzbauweise errichteten Bauten ist ein vergleichsweise flaches, weit über die Fassade auskragendes Dach, auch sind für die Yalı großzügig angelegte Gärten sowie Bootsanlegestellen typisch.

Alle Fotos von Mehmet Güngör mit folgenden Ausnahmen:

Rüstem Aslan – S. 9, 12, 45, 71, 75, 116, 138
Stephan W. E. Blum – S. 88, 90, 123, 124
Frank Schweizer – S. 113
Mehmet Özdoğan – S. 10, 11
Archeoloji ve Sanat Yayınları – S. 12–13, 57